_______________ 님의 소중한 미래를 위해

이 책을 드립니다.

ETF 잘 사고 잘 파는 법

ETF 잘 사고 잘 파는 법

김영민 지음

메이트북스

메이트북스 우리는 책이 독자를 위한 것임을 잊지 않는다.
우리는 독자의 꿈을 사랑하고,
그 꿈이 실현될 수 있는 도구를 세상에 내놓는다.

ETF 잘 사고 잘 파는 법

초판 1쇄 발행 2026년 2월 20일 | **지은이** 김영민
펴낸곳 (주)원앤원콘텐츠그룹 | **펴낸이** 강현규·정영훈
등록번호 제301-2006-001호 | **등록일자** 2013년 5월 24일
주소 04607 서울시 중구 다산로 139 랜더스빌딩 5층 | **전화** (02)2234-7117
팩스 (02)2234-1086 | **홈페이지** matebooks.co.kr | **이메일** khg0109@hanmail.net
값 19,800원 | **ISBN** 979-11-6002-451-7 03320

당신이 잠자는 동안에도 돈이 들어오는 방법을 찾지 못했다면
당신은 죽을 때까지 돈을 벌어야 할 것이다.

· 워런 버핏 ·

당신의 계좌를 구원할
최고의 시스템, ETF

최근 대한민국 금융 시장은 그야말로 'ETF 광풍'이라 해도 과언이 아니다. 자산운용사마다 앞다투어 ETF 신상품을 쏟아내고, 개인 투자자들의 자금은 블랙홀처럼 이곳으로 빨려 들어가고 있다.

하지만 안타깝게도 그 뜨거운 열기 속에서 정작 알짜 수익을 챙기는 투자자는 드물다. 남들이 좋다는 유행가 같은 테마에 올라탔다가 상투를 잡거나, 이름조차 생소한 복잡한 구조의 상품에 소중한 자산을 맡기고 불안에 떠는 이들이 태반이다.

세상에는 '돈을 버는 기술'을 말하는 책은 넘쳐나지만 '내 돈을 지키며 불리는 시스템'을 제대로 설계해주는 가이드는 드물다. 특히 주식 시장이라는 거대한 파도 앞에서 개인 투자자들은 늘

무력하다. 밤잠 설쳐가며 분석한 종목은 제자리걸음인데, 내가 외면한 테마주는 보란 듯이 폭등한다. 소외감과 조바심에 떠밀려 상투를 잡고, 결국 '비자발적 장기 투자자'가 되어 계좌가 녹아내리는 과정을 지켜보는 것! 바로 이것이 대한민국 대다수 투자자의 서글픈 자화상이다. 종합지수가 5천을 돌파한 지금도 매 한가지다.

개인 투자자가 투자 실패의 굴레를 벗어나기 위한 최선의 해답은 ETF(상장지수펀드)다. 개별 종목의 변동성에 일희일비하지 않고, 시대의 패권을 쥔 국가와 산업의 성장에 내 자산을 동기화하는 것! 이것이야말로 자본주의라는 거인의 어깨 위에 올라타 가장 편안하고 확실하게 부를 일구는 유일한 방법이다.

이 책은 단순히 ETF의 종류를 나열한 백과사전이 아니다. 지금 당장 당신의 계좌에 꽂아 넣어야 할 '최강의 라인업 50선'을 선별하고, 투자자들이 밤잠을 설치며 고민하는 40가지 질문에 대한 날카로운 해답을 담았다.

시중에 널린 이론서들과 이 책이 결정적으로 다른 점은 철저하게 '실전투자 효용성'과 '시스템적 생존'에 초점을 맞췄다는 데 있다. 막연한 장밋빛 전망 대신, 어떤 시장 환경에서도 마르지 않는 현금 흐름을 만들어낼 수 있도록 상품의 이면에 숨은 운용사의 전략과 비용 구조까지 낱낱이 파헤쳤다. 단순히 공부를 위한 독서가 아니라, 즉시 내 계좌의 체질을 바꾸기 위한 실전 지침서가 될 것이라 자처한다.

이 책은 크게 2부로 구성되어 있다. 1부에서는 한국, 미국, 신흥국, 그리고 원자재와 가상자산에 이르기까지 반드시 소유해야 할 핵심 ETF들을 분석했다. 단순히 수익률 숫자만 나열하지 않았다. 왜 지금 이 상품을 사야 하는지, 이 투자가 내 포트폴리오에서 어떤 '수비적 방패' 혹은 '공격적 창'의 역할을 수행하는지 기획자의 통찰로 풀어냈다.

2부에서는 ETF 투자자들이 가장 가려워하는 지점, 즉 비용과 세금, 괴리율, 그리고 하락장에서의 멘탈 관리법 등을 집요하게 파고들었다. ETF의 구조적 한계를 인정하면서도 그 안에서 실리를 챙기는 영리한 수싸움을 전수한다.

이러한 구조를 통해 독자는 시장의 흐름을 읽는 거시적인 안목과 미세한 수익률 누수까지 막아내는 정교한 기술을 동시에 습득하게 된다. 무엇을 살 것인가라는 고민에서 시작해 어떻게 지킬 것인가라는 완성형 전략으로 나아가는 완벽한 로드맵을 선사할 것이다.

이 책에서 가장 강조하는 키워드는 '시스템'이다. 투자는 종목을 맞히는 도박이 아니라, 지지 않는 판을 짜는 설계다. 개별 기업의 돌발 악재가 내 노후를 망치지 못하도록 분산하고, 낮은 보수와 세금 혜택을 찾아내 한 푼의 실리라도 더 계좌에 남기는 것! 이러한 시스템적 사고가 몸에 배는 순간, 시장의 소음은 배경음악으로 바뀌고 당신의 계좌는 시간이라는 파도를 타고 묵직하게 불어날 것이다.

이 책은 당신의 투자 인생을 바꿀 '최종 병기'가 될 것이다. 이 책의 압도적인 리스트와 통찰을 믿고 따라오라. 화려한 급등주를 쫓는 피로감에서 벗어나, 세계 경제의 결실을 조용히 수용하는 시스템의 주인이 되길 바란다.

이 책의 마지막 장을 덮는 순간, 당신은 더 이상 시장에 휘둘리는 약자가 아니라 글로벌 부의 흐름을 내 계좌로 끌어오는 영리한 설계자로 거듭나게 될 것이다. 결국 승리하는 것은 예측하는 자가 아니라, 견고한 시스템을 구축한 자다.

김영민

차례

1부 반드시 소유해야 할 최강의 ETF TOP52

 **1장** 지금은 K-증시 시대: 한국 대표 지수와 핵심 섹터

 **2장 세계 시장의 표준: 미국 대표 지수와 핵심 섹터**

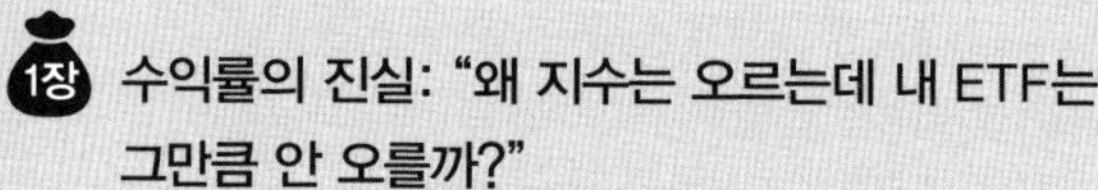 **2부 ETF 투자자가 가장 궁금해하는 40가지**

1장 수익률의 진실: "왜 지수는 오르는데 내 ETF는 그만큼 안 오를까?"

2장 비용과 세금: "버는 것보다 안 새는 게 먼저다"

3장 위험과 멘탈: "크게 잃지 않으면, 결국 이긴다"

주식시장은 더 이상 개별 종목의 이야기가 아니라, 자금이 움직이는 방향의 싸움이 되었다. ETF는 그 자금의 흐름을 가장 빠르고 정확하게 담아내는 도구다. 1부에서는 대한민국과 글로벌 시장을 대표하는 핵심 ETF 52개를 엄선해, 왜 이 상품들이 선택받는지 이유를 짚는다. 화려한 테마보다 오래 살아남는 구조, 높은 수익률보다 꾸준한 성과를 만드는 기준에 집중했다. 이 목록은 단순한 추천이 아니라 ETF 시장에서 길을 잃지 않게 해주는 최소한의 지도다.

1부

반드시 소유해야 할
최강의 ETF TOP52

대한민국 증시는 글로벌 공급망의 핵심이자 세계 경제의 선행 지수다. 1부 1장에서는 반도체, 자동차, 조선, 방산 등 실적이 증명된 주도주와 로봇, 우주항공 등 혁신 섹터를 엄선해 수출 강국 대한민국의 성과를 개인의 수익으로 직결시키는 ETF 시스템투자를 제안한다. 단순한 성장을 넘어 구리(원자재), 고배당, 단기채권이라는 방어막까지 구축해 어떤 장세에서도 무너지지 않는 포트폴리오를 설계했다. 독자들은 이 25개의 종목 이정표를 통해 한국 산업의 맥동을 짚어내고, 가장 실리적이면서도 강력한 자산 증식의 확신을 얻게 될 것이다.

1장

지금은 K-증시 시대:
한국 대표 지수와 핵심 섹터

TIGER 200:
대형주 200개를 통째로 산다

주식투자자에게 가장 무서운 것은 '소외감'이다.
대표 기업 200개를 한 번에 담는 선택이 평화를 만든다.
시장 중심을 잡아주는 든든한 상품으로 계좌를 지키자.

누군가는 이름도 생소한 급등주로 큰돈을 벌었다는데, 정작 내가 고른 종목만 제자리걸음일 때 느껴지는 소외감은 손실보다 뼈아프다. 투자를 시작하며 가장 무서운 것은 바로 '나만 소외되는 것'이다.

TIGER 200은 이런 종목 선정의 스트레스에서 당신을 해방해줄 명쾌한 답안지다. 코스피 시장을 지탱하는 상위 200개 종목을 정교한 비율로 담았기에, 대한민국 경제가 성장하는 만큼 내 계좌도 정직하게 불어난다.

현재 코스피는 기업의 가치를 제대로 평가받기 위해 주주 환원을 늘리는 '밸류업(Value-up)' 정책이 안착하며 체질 개선이 한창이다. 개별 기업의 돌발 악재가 계좌 전체를 망가뜨릴 위험을 막아주는 효율적인 방패가 된다.

특히 최근 한국의 주요 기업들은 주식 가치를 높이기 위해 자사주를 사서 없애버리는 '소각'과 배당 확대를 사상 최대 규모로 단행하고 있다. 이는 대형주 200개가 단순한 차원의 덩어리가 아니라, 자본 효율성을 극대화한 정예 군단으로 재편되고 있음을 보여준다.

이 상품은 반도체, 자동차, 금융 등 한국 산업의 정수를 한 주에 응축해놓은 것과 같다. 삼성전자의 초격차 리더십과 현대차의 글로벌 점유율 확대라는 두 거인의 보폭에 내 자산의 속도를 맞추는 일이다.

전 세계 대형 펀드들이 아시아 포트폴리오를 조정할 때 가장 먼저 장바구니에 담는 '수급의 본진'을 점령하는 셈이다. 장기 투자자라면 시장의 성과를 얼마나 온전히 내 것으로 가져오느냐가 노후 자산의 크기를 바꾸는 결정적 변수가 된다. 단순한 유행을 쫓기보다 대한민국 우량 자산의 주주로서 배당과 성장을 동시에 취하는 영리한 전략이 필요하다.

중요한 체크포인트는 시장의 거래량과 유동성이다. TIGER 200은 국내 ETF 중 최상위권의 거래대금을 유지하고 있기에 아무리 좋은 상품이라도 내가 팔고 싶을 때 제값에 팔 수 없는 리스크를 효과적으로 지워준다.

개별 종목의 늪에서 허우적대기보다 한국 경제라는 거대한 함대의 함교에 올라타는 여유를 가져라. 대한민국 경제의 기초 체력을 믿는다면, 가장 익숙한 이름들로 채워진 이 바구니가 당신의 투자 여정에 가장 단단하고 실리적인 뿌리가 되어줄 것이다.

TIGER 200

- 운용사: 미래에셋자산운용
- 시가총액: 5조 9,452억 원
- 1년 / 1개월 수익률(2026년 1월 30일 기준): +133.67% / +26.97%
- 구성종목 상위: 삼성전자 29.16%, SK하이닉스 19.81%, 현대차 2.62%, SK스퀘어 2.02%, KB금융 1.70%

KODEX 코스닥150레버리지 : 성장주 랠리의 폭발력을 2배로

**성장주 랠리의 순간에 남들보다 앞서가고 싶다면,
코스닥의 역동적인 에너지를 수익의 지렛대로 써라.
가파른 수익의 기회를 잡는 가장 공격적인 전술이다.**

시장의 온기가 돌 때 가장 뜨겁게 달궈지는 곳이 바로 코스닥이다. 이 상품은 그 뜨거움을 2배의 탄력으로 치환하는 공격적인 창이다. 남들이 한 걸음 걸을 때 두 걸음 앞서가겠다는 단호한 의지를 계좌에 투영하는 전략적 선택이다.

바이오 대장주부터 2차전지 혁신 기업들이 뿜어내는 에너지를 지렛대 삼아, 상승장에서 남들보다 훨씬 가파른 수익률의 쾌감을 선사한다. 코스닥 1천 시대를 안정적으로 안착시키려는 시장의 에너지가 분출될 때 내 자산을 가장 빠르게 증식시킬 무기가 된다.

하지만 레버리지는 단순한 투기가 아닌, 시장의 변곡점을 포착하는 정교한 도구여야 한다. 금리 인하기나 정책적 수혜가 예상되는 구간에서 코스닥 150 지수의 일간 변동률을 2배로 추종하며 수익률 곡선을 가파르게 끌어올린다.

최근 금리 인하 기조가 가시화되며 유동성이 성장주로 쏠리는 구간에서 레버리지는 단순한 상품을 넘어 수익의 가속 페달이 된다. 지루한 기다림 끝에 찾아온 반등장에서 남다른 수익을 선사할 것이다.

많은 이들이 간과하는 함정은 지수가 오르내림을 반복할 때 가치가 조금씩 깎여나가는 '음의 복리' 효과다. 이 특성 때문에 사서 묻어두기보다는 명확한 추세가 확인된 구간에서 활용하는 전술적 유연함이 필요하다.

따라서 이 상품은 방향성이 뚜렷한 추세 구간에서 그 진가를 발휘한다. 시장의 에너지가 분출되는 순간을 놓치지 않되, 변동성이 커질 조짐이 보이면 미련 없이 비중을 줄이는 절제가 동반되어야 한다.

일반 ETF보다 운용 비용이 크다는 점도 잘 인지해야 한다. 특히 최근처럼 변동성이 극심한 장세에서는 단기 매매 비용이 수익률을 갉아먹을 수 있으므로 정작 지수가 올라도 내 계좌는 웃지 못하는 상황을 경계해야 한다.

거래량이 충분한 시간대에 기계적으로 진입하고 퇴출하는 감각이 필수적이다. 잘 쓰면 예리한 칼이 되지만, 원칙 없이 휘두르면 내 자산을 베는 위험한 도구가 될 수도 있다는 사실을 명심해야 한다.

현재 코스닥은 AI 하드웨어와 첨단 바이오가 주도하는 새로운 이익 사이클에 진입했다. 시장의 환희가 극에 달하는 순간, 당신의 계좌가 보여줄 숫자는 그 어떤 설명보다 강력한 효능감을 선사할 것이다.

랠리의 시작점에서 주저하지 말고 레버리지의 방아쇠를 당겨 2배의 결실을 누리는 경험을 시작해보라. 위험을 관리할 줄 아는 이에게 레버리지는 시간을 사는 가장 빠른 지름길이 된다.

KODEX 코스닥150레버리지

- 운용사: 삼성자산운용
- 시가총액: 3조 7,271억 원
- 1년 / 1개월 수익률(2026년 1월 30일 기준): +150.57% / +72.15%
- 구성종목 상위: KODEX 코스닥150 12.01%, 알테오젠 2.18%, 에코프로 2.06%, 에코프로비엠 1.62%, 에이비엘바이오 1.05%

KODEX 코스닥150:
K-혁신 에너지와 패시브 수급의 힘

**급락은 두렵지만 혁신 성장은 포기할 수 없는 당신에게,
우리 경제의 허리인 150개 정예 부대를 추천한다.
풍파 속에서도 자산을 지켜주는 단단한 분산 투자다.**

개별 종목의 갑작스러운 급락은 투자자로서 매우 두렵지만, 대한민국 혁신 산업의 성장은 결코 포기할 수 없는 독자들에게 정답은 코스닥 150이다. 2차전지, 바이오, 엔터테인먼트 등 우리의 미래 먹거리가 총집합된 에너지의 장에 올라타는 가장 정석적인 방법이다.

코스닥 시장은 코스피보다 탄력이 크지만, 그만큼 개별 종목이 감당해야 할 풍파도 거세다. 최근에는 특정 테마의 생명 주기가 짧아지면서 개별주 홀짝 게임에 지친 스마트 투자자들이 지수 전체를 사는, 이 상품으로 대거 이동하고 있다.

KODEX 코스닥150은 이러한 위험을 합리적인 기회로 바꿔준다. 시장을 대표하는 150개 정예 종목을 묶었기에, 한두 기업이 흔들려도 지수 전체는 혁신 성장의 물줄기를 따라 전진한다.

이 상품의 매력은 펀드 매니저가 직접 종목을 고르지 않고 지수를 기계적으로 따르는 '패시브 수급'의 힘에 있다. 즉 상위 150개 종목으로 유입되는 기계적인 매수세가 가격을 떠받치는 든든한 버팀목이 되며, 이는 변동성을 수익으로 치환하는 열쇠다.

투자의 성패는 '어떤 종목이 대박 날까'를 맞히는 게임에서 벗어나는 데 있다. 대한민국 혁신 동력이 흐르는 거대한 물줄기에 내 자산을 실어두는 시스템적 결단이 당신의 계좌를 살찌운다.

현재 K-바이오와 플랫폼 기업들이 글로벌 시장에서 본격적으로 실적을 증명하며 성숙기에 접어들고 있다. 이들이 지수의 상단을 밀어 올릴 때, 당신은 개별 종목의 리스크 없이 그 과실을 온전히 향유하게 된다.

이 상품에 투자하면 개별 종목 투자 시 마주할 수 있는 상장폐지나 거래정지 같은 극단적인 위험에서도 상대적으로 자유롭다. 분산 투자라는 안전장치는 변동성이 큰 시장에서 자산을 보호하려는 투자자에게 든든한 심리적 안전판이 된다.

특히 코스닥 150 지수 내 대형주들의 합산 영업이익이 개선될 것이라는 전망은 이 바구니의 기초 체력을 증명한다. 탄탄한 실적이 뒷받침되는 혁신 기업들에 투자하는 것은 가장 합리적인 선택이다.

화려한 정보에 휘둘려 개별 성장주를 건드리기보다, 검증된 150개 기업의 집합체를 선택해야 한다. 코스닥의 역동성을 내 계좌의 동력으로 삼는 영리한 투자가 당신의 자산을 더 단단하고 빠르게 미래로 인도할 것이다.

시대의 흐름에 베팅하고 싶은가? 그렇다면 망설이지 말고 K-혁신의 심장부로 진입하라. 대한민국에서 가장 젊고 빠른 기업들이 당신의 자산을 성장의 한복판으로 인도할 것이다.

KODEX 코스닥150

- 운용사: 삼성자산운용
- 시가총액: 4조 16억 원
- 1년 / 1개월 수익률(2026년 1월 30일 기준): +67.10% / +32.86%
- 구성종목 상위: 알테오젠 7.50%, 에코프로 7.09%, 에코프로비엠 5.57%, 에이비엘바이오 3.61%, 삼천당제약 2.96%

KODEX 레버리지:
상승장 수익률을 2배로 극대화

지수가 우상향의 길목에 들어섰음을 확신하는 순간,
지수만큼의 수익에 만족하지 말고 가속 페달을 밟아라.
2배의 탄력으로 치환하는 기술이 부의 격차를 만든다.

주식 시장에는 '기회의 시간'이 있다. 모든 악재가 걷히고 지수가 대세 상승의 초입에 들어섰을 때, 단순히 지수만큼만 수익을 내는 것에 만족하지 못하는 이들을 위한 특별한 도구가 바로 KODEX 레버리지다.

코스피 200 지수의 일간 등락률을 2배로 추종하며 상승장의 기쁨을 배가시킨다. 개별 종목을 일일이 고르는 수고를 덜어주면서도, 지수 상승의 에너지를 가장 공격적으로 활용하려는 투자자들에게 이보다 날카로운 창은 없다.

하지만 이 창은 휘두르는 법을 알아야 한다. 등락을 반복하는 박스권에서는 '음의 복리' 현상으로 인해 계좌가 깎여나갈 수 있으므로, 방향성이 뚜렷한 추세 구간에서만 짧고 강하게 활용하는 전술적 유연함이 생명이다.

현재 한국 증시는 글로벌 자금 유입 속도가 과거보다 가팔라지고 있다. 시장이 과열되거나 변동성이 커질 조짐이 보인다면 미련 없이 비중을 줄이는 결단력이 수익을 지키는 핵심이다.

상승장의 온기가 전 업종으로 퍼질 때 레버리지는 효율적인 대안이 된다. 개별 종목의 등락에 가슴 졸이지 않으면서도 시장 전체의 분출하는 에너지를 2배로 흡수할 수 있기 때문이다.

기관 투자자들이 분기 수익률을 관리하기 위해 지수 대형주를 사들일 때 레버리지는 가장 탄력적으로 반응한다. 단기 수익에 매몰되어 비용 누적을 무시한다면, 정작 지수가 올라도 기대만큼의 결실을 거두지 못할 수도 있다.

거래량이 풍부한 시간대를 골라 정교하게 진입하고, 나만의 손절선과 익절선을 기계적으로 지켜라. 레버리지는 잘 쓰면 자산 증식의 터보 엔진이 되지만, 원칙이 없으면 내 자산을 갉아먹는 위험한 도구가 된다.

특히 거시 경제 지표가 우호적으로 돌아설 때, 레버리지는 시간을 수익으로 바꾸는 마법을 부린다. 다만 탐욕에 눈이 멀어 장기 보유하는 우를 범하지 않도록 스스로를 경계해야 한다.

레버리지 투자 시에는 전체 자산의 일부만을 활용해 시장의 탄력을 즐기는 지혜를 발휘해라. '하이 리스크, 하이 리턴'의 원리를 정확히 이해할 때, 레버리지는 비로소 수익을 가속하는 유용한 도구가 된다.

추세가 열릴 때만 과감히 활용하고, 흐름이 흐려질 때는 한 발 물러서는 절제가 레버리지를 진정한 내 편으로 만든다. 변동성을 통제하는 나만의 기준이 확고할 때, 당신의 계좌는 비로소 시장을 압도하는 성장을 경험할 것이다.

KODEX 레버리지

- 운용사: 삼성자산운용
- 시가총액: 5조 720억 원
- 1년 / 1개월 수익률(2026년 1월 30일 기준): +395.68% / +59.85%
- 구성종목 상위: 삼성전자 8.04%, SK하이닉스 5.45%, KODEX 200TR 5.16%, PLUS 200 0.97%, 현대차 0.72%

KODEX 인버스:
하락장에서도 웃을 수 있는 안전판

모두가 달릴 때, 영리한 투자자는 계좌 보험을 든다.
예기치 못한 하락장에서도 인버스는 안전판이 되어,
공포에 질린 시장에서 홀로 미소 짓는 여유를 준다.

모두가 장밋빛 미래를 꿈꾸며 주식을 사 모을 때, 영리한 투자자는 남몰래 보험을 든다. KODEX 인버스는 시장을 등지는 도박이 아니라, 내 우량주 자산이 잠시 흔들릴 때 계좌의 중심을 잡아주는 든든한 지지대다.

주식 시장에서 영원한 상승은 없다. 특히 변동성이 큰 한국 시장에서는 예기치 못한 악재로 지수 전체가 조정을 받는 구간이 반드시 찾아온다. 이때 하락을 몸으로 맞다 보면 수익이 순식간에 녹아내리는 허망함을 겪는다.

이 상품은 지수가 하락할 때 반대로 수익이 나는 구조를 가졌다. 가령 내가 보유한 삼성전자나 현대차를 차마 손절하지 못할 때, 인버스를 적절히 섞어줌으로써 포트폴리오 전체의 하락 폭을 상쇄하는 '헤지(Hedge, 위험 회피)' 전략을 구사할 수 있다.

시장의 상승 힘이 빠지는 구간을 포착하는 것이 핵심이다. 현재처럼 대외 변수가 널뛰는 장세에서는 지수가 고점에서 꺾이는 순간 인버스로 대피하는 감각이 수익률 방어의 핵심이다.

물론 인버스는 평생 함께할 동반자가 아니라 잠시 빌려 쓰는 우산이다. 시장이 다시 바닥을 다지고 반등할 기미가 보이면 미련 없이 수익을 실현하고, 다시 주식 비중을 늘리는 유연함이 실리 투자의 정수다.

많은 이들이 하락장에서 투매를 할 때, 당신은 인버스로 번 수익을 가지고 값싸진 우량주를 줍는 여유를 가져야 한다. 시장 상황에 맞춘 기계적인 대응이 뒤따라야 자산이 깎이지 않는다.

비용 측면에서도 일반 ETF보다 누적 비용이 발생할 수 있다는 점을 알아야 한다. 단기적인 방어 효과에 집중하되, 보유 기간이 길어질수록 발생할 구조적 비용을 고려해 기민하게 움직이는 것이 영리하다.

현재 글로벌 통화 정책의 변화 가능성은 시장에 한 차례 파도를 몰고 올 수 있다. 이때 인버스라는 방패가 있는 투자자와 없는 투자자의 결과는 하늘과 땅 차이로 벌어질 것이다.

폭풍우가 치기 전 안전장치를 걸어두는 감각이야말로 시장에서 끝까지 살아남아 결국 승자가 되는 프로 투자자의 비결이다. 인버스라는 방패를 곁에 두는 실리적인 선택이 계좌를 견고하게 지켜줄 것이다.

수익률을 늘리는 기술만큼이나 손실을 관리하는 기술이 장기적인 성과를 좌우한다. 모두가 당황할 때 혼자 미소 지을 수 있는 여유, 바로 그것이 인버스가 당신에게 주는 가장 큰 배당임을 잊지 마라.

KODEX 인버스

- 운용사: 삼성자산운용
- 시가총액: 8,812억 원
- 1년 / 1개월 수익률(2026년 1월 30일 기준): -57.98% / -21.23%

TIGER 코리아TOP10:
시총 상위로 지수를 압도하는 힘

**결가지를 쳐내고 오직 10개 거인에만 집중한다.
국가대표 기업들의 압도적인 수급에 자산을 실어라.
소수 정예 포트폴리오가 시장 수익률을 압도한다.**

한국을 대표하는 초우량 기업 10개에 압축적으로
투자하고 싶다면 TIGER 코리아TOP10이 정답이다. 지수 전체를
사는 안정성은 유지하면서도, 성장의 알맹이만 골라 담아 시장을
압도하는 힘을 보여준다.

우리 주식 시장은 소수의 대형주가 전체 향방을 결정하는 경
향이 매우 강하다. 상위 10개 종목에 유입되는 자금이 시장 전체
거래대금의 상당 부분을 차지하는 지금, 이 상품은 가장 확실한

승률의 바구니를 제공한다.

누군가는 200개 종목에 분산하라고 하지만, 실제 지수의 수익률을 끌어올리는 엔진은 상위 10개 기업에서 나온다. 곁가지 종목들을 걷어내고 승률이 검증된 국가대표급 기업들에 집중하는 전략은 하락장에서의 회복 속도 또한 남다르다.

글로벌 큰손들이 한국 시장을 바스켓(여러 종목을 묶음으로 매수하는 방식)으로 사들일 때, 가장 먼저 그리고 가장 많이 비중을 채우는 곳이 바로 이들 TOP10 기업이다. 수급의 쏠림 현상을 역이용해 시장보다 앞서 나가는 실리적인 선택이다.

글로벌 투자 트렌드가 '소수 정예'로 이동하는 흐름 속에서, 이 상품은 대한민국 핵심 자산에 대한 집중도를 높이는 최적의 도구다. 반도체, 자동차, 플랫폼 등 각 산업의 1등주를 고루 담고 있어 균형 잡힌 성장이 가능하다.

최근 시가총액 순위 싸움이 치열한 바이오와 헬스케어 거물들의 부상도 이 포트폴리오는 즉각적으로 반영한다. 시장의 주도권 변화를 시스템이 알아서 관리해주니 당신은 편안하게 올라타기만 하면 된다.

개별 대형주 10개를 직접 매수하는 것보다 이 상품 하나를 거래하는 것이 수수료와 시간 비용 면에서 월등히 유리하다. 특히 정기적인 '리밸런싱(비중 조정)'을 통해 저성장주를 걷어내고 신성장 대형주를 채워주는 시스템의 힘을 믿어야 한다.

현재 대한민국 10대 기업의 합산 현금 보유액은 견조한 수준이며, 이는 공격적인 M&A와 주주환원의 든든한 밑천이 되고 있다. 이 거인들의 어깨 위에 올라타는 것은 자산 성장의 지름길이다.

개별 기업의 운에 계좌를 맡기기보다 국가 대표 시스템의 성장에 동행하는 것이 자산을 지키는 가장 확실한 길이다. 대한민국에서 가장 힘센 10개 거인의 성장에 동행하라. 그들이 만드는 압도적인 수급의 힘이 당신의 계좌를 탄력 있게 키워줄 것이다.

최고 중의 최고만을 담은 이 바구니는 당신의 포트폴리오를 가장 단단하게 지지할 것이다. 투자의 격을 높이고 싶다면 대한민국 경제의 정수를 담은, 이 이정표를 따라가 보라.

TIGER 코리아TOP10

- 운용사: 미래에셋자산운용
- 시가총액: 1조 8,304억 원
- 1년 / 1개월 수익률(2026년 1월 30일 기준): +156.29% / +33.60%
- 구성종목 상위: SK하이닉스 40.26%, 삼성전자 28.11%, 현대차 6.68%, 한화에어로스페이스 4.44%, KB금융 4.05%

KODEX 삼성그룹:
삼성의 DNA를 통째로 소유하기

**종목의 한계를 넘어 삼성의 DNA를 통째로 소유하라.
반도체와 바이오 등 삼성 유니버스의 성장을 믿어라.
삼성의 모든 가치를 응축한 강력한 성장 동력이다.**

삼성전자 한 종목에만 집중하기는 불안하지만, 그렇다고 삼성의 압도적인 성장을 놓치고 싶지는 않은 투자자에게 정답은 삼성그룹주 ETF이다. 대한민국 경제를 지탱하는 삼성의 모든 것을 한꺼번에 소유하는 길이다.

삼성그룹은 반도체부터 금융, 바이오, 물류에 이르기까지 우리 산업 전반에 걸쳐 거대한 지배력을 행사한다. KODEX 삼성그룹은 핵심 계열사들을 한 주에 담아, 개인이 구현하기 힘든 삼성 유니버스에 대한 시스템적 투자를 실현해준다.

많은 이들이 삼성전자 하나만 바라보지만, 때로는 계열사들의 약진이 지수를 압도할 때가 있다. 삼성SDI의 차세대 전고체 배터리 실증이나 삼성바이오로직스의 생산 능력 확대 성장이 삼성전자의 횡보를 보완해주는 구조는, 이 상품만이 가진 강점이다.

따라서 이 상품은 개별 종목의 변동성을 이겨내고 싶은 보수적 투자자에게 훌륭한 대안이다. 삼성이라는 브랜드의 신뢰를 가져가면서도, 적절한 분산을 통해 특정 섹터의 악재가 내 계좌를 흔들 위험을 낮춰준다.

삼성은 지배구조 효율화와 통합 시너지라는 새로운 국면을 맞이하고 있으며, 이는 전 계열사의 동반 가치 상승으로 이어지는 중이다. 이 ETF는 그 흐름을 놓치지 않고 담아내는 가장 효율적인 바구니가 된다.

삼성전자의 비중이 절대적으로 높다는 점을 인지해야 한다. 삼성전자의 향방이 지수 수익률의 절반 이상을 결정하는 경우가 많으므로, 전체 반도체 업황의 큰 흐름을 읽는 안목이 필요하다.

개별 주식을 여러 번 나누어 사는 것보다 이 상품 하나를 거래하는 것이 수수료와 관리 효율 면에서 훨씬 유리하다. 특히 삼성 금융 계열사들의 배당 성향 확대는 포트폴리오의 안정성을 더해주는 강력한 숨은 공신이다.

삼성이 인공지능(AI)과 로보틱스를 신성장 동력으로 강화하며 체질 개선에 주력하고 있다는 점을 주목하라. 삼성이라는 거대한 생태계가 진화하는 과정에서 발생하는 부가가치를 독점하라.

대한민국 1등 그룹의 DNA를 믿고 시스템적으로 접근해보자. 운에 기대기보다 삼성이라는 검증된 시스템의 성장에 동행하는 것이 결국 자산을 지키는 가장 실리적인 선택이다.

삼성의 과거와 현재, 그리고 미래의 신사업까지 이 한 주에 모두 담아라. 대한민국 경제의 심장을 내 계좌에 이식하는 순간, 당신의 투자는 가장 단단한 뿌리를 내릴 것이며 시간이 흐를수록 견고해질 것이다.

KODEX 삼성그룹

- 운용사: 삼성자산운용
- 시가총액: 2조 2,754억 원
- 1년 / 1개월 수익률(2026년 1월 30일 기준): +111.42% / +21.19%
- 구성종목 상위: 삼성전자 30.94%, 삼성물산 12.59%, 삼성SDI 9.55%, 삼성바이오로직스 8.36%, 삼성중공업 7.98%

TIGER 현대차그룹플러스:
현대차 DNA에 집중 투자한다

현대차그룹의 체질이 완전히 달라지고 있다.
로봇이 일하는 세상을 현대차그룹이 주도하고 있다.
현대차그룹의 모빌리티 혁신에 나란히 동행하라.

현대차와 기아 중 무엇이 더 오를지 고민하며 일희일비하기보다, 현대차그룹 전체의 도약에 베팅하고 싶다면 이 상품이 명쾌한 답이다. 그룹사 전체가 만들어내는 시너지의 결실을 통째로 향유하는 길이다.

현대차그룹은 이제 단순한 자동차 제조사를 넘어 로보틱스와 자율주행을 아우르는 모빌리티 솔루션 기업으로 진화하고 있다. 보스턴 다이내믹스의 전동식 로봇 '아틀라스'는 조지아 공장 투입을 위한 기술 검증을 마치고, 실제 자동차 조립 공정에 투입되어 인간과 협업하는 실전 단계에 있으며, 이는 제조 공정 혁신의 서막을 알리고 있다.

우리는 흔히 현대차나 기아 중 하나를 고르려 애쓰지만, 실제 수익률은 그룹 전반의 수급에 따라 동행하는 경우가 많다. 완성차의 실적이 부품을 덩어리째 조립해 효율을 높이는 '모듈화' 경쟁력의 현대모비스나 물류 시스템의 현대글로비스로 이어지는 선순환 구조를 주목해야 한다.

특정 종목에 자산을 집중하는 리스크를 피하고 싶은 투자자에게 이 상품은 좋은 대안이다. 현대차 브랜드가 글로벌 하이브리드와 전기차 시장에서 안정적인 판매 성적을 내며 기업 체력을 증명하고 있는 지금, 그룹 전체의 펀더멘털은 더욱 견고해졌다.

최근 추진되는 지배구조 개선 노력과 주주친화 정책의 강화는 이 상품의 투자 매력을 뒷받침한다. 수익성 중심의 경영을 통해 확보한 사상 최고 수준의 현금이 배당과 자사주 소각으로 이어지며, 주주들에게 실질적인 실리를 제공한다.

이 상품을 투자할 때는 현대차와 기아의 주가 추이를 중심으로 보되, 글로벌 판매량과 영업이익률을 복합적으로 살펴야 한다. 최근에는 수소 밸류체인과 친환경 에너지 사업에 참여하는 계열사들이 유럽 프로젝트를 수주하며 자동차 제조 밖에서도 새로운 수익원을 창출하고 있다.

여러 계열사를 따로 사는 번거로움을 줄여주며, 정기적인 리밸런싱을 통해 그룹 내 비중 변화에 기계적으로 대응할 수 있다. 그룹사 간의 로보틱스 협업이나 하늘을 나는 자동차인 UAM(도심항공교통) 개발 속도가 가시화되는 지점은 향후 강력한 모멘텀이 될 수 있다.

대한민국을 대표하는 모빌리티 거인 현대차그룹의 저력을 믿어야 한다. 개별 기업의 운에 기대를 걸기보다 현대차그룹이라는 검증된 시스템에 동행하는 것이 자산을 지키는 영리한 길이다.

이름만 대면 다 아는 현대차 계열사들이 당신의 자산을 위해 일하게 하라. 로봇 기술이 미래 공정을 준비하고 주주 환원이 계좌를 지키는 현대차의 DNA가 당신을 모빌리티 혁신의 중심에 서게 할 것이다.

KODEX 삼성그룹

- 운용사: 미래에셋자산운용
- 시가총액: 4,387억 원
- 1년 / 1개월 수익률(2026년 1월 30일 기준): +109.82% / +32.98%
- 구성종목 상위: 현대차 31.86%, 기아 23.39%, 현대모비스 14.30%, 현대제철 7.27%, 현대글로비스 5.80%

KODEX 반도체:
반도체 제국을 통째로 가진다

세계가 한국 반도체 공장 앞에 줄을 서고 있다.
설계부터 후공정까지 짜인 반도체 제국을 소유하라.
기술의 결실을 가장 정직하게 나누는 영리한 선택이다.

대한민국 반도체의 저력을 믿지만, 삼성전자 한 종목의 무게감 때문에 수익 탄력이 둔화되는 것이 아쉽다면 KODEX 반도체가 해답이다. 삼성전자뿐만 아니라 SK하이닉스와 알짜 소부장 기업들을 아우르는 진짜 반도체 제국을 소유하는 길이다.

많은 이들이 반도체 투자를 위해 삼성전자를 사지만, 삼성전자는 가전과 스마트폰까지 아우르는 복합 기업이다. 반면 이 상품은 공장 없이 설계만 하는 '팹리스'부터 포장과 검사를 담당하는 '후공정(OSAT)'까지, 반도체라는 단일 전공에 몰입한 기업들로 전열을 가다듬어 업황 사이클을 기민하게 반영한다.

반도체 시장의 핵심 키워드는 인공지능이 기기 자체에 탑재되는 '온디바이스 AI'의 전방위적 확산이다. 삼성전자라는 거인의 그늘에 가려져 있던 소부장 기업들이 독보적인 기술력을 인정받으며 지수를 견인하는 흐름이 뚜렷하다.

단순한 부품 제조를 넘어, 전 세계 AI 서버의 심장을 책임지는 HBM 기술력이, 이 바구니의 수익률을 결정하는 핵심 엔진이다. 현재 6세대 HBM(HBM4)의 양산 준비가 가속화되면서, 메모리 강국을 넘어 반도체 생태계 전반의 경쟁력을 증명하고 있다.

글로벌 공급망 재편과 국가적 육성 전략은 이 상품이 담은 기업들의 가치를 재평가하게 만드는 강력한 동력이다. 업계에서 가장 오래된 반도체 ETF로서 확보한 유동성은 업황의 급격한 변화 속에서도 투자자가 원하는 시점에 원활한 매매를 가능케 한다.

메모리 반도체의 업황 사이클이 회복 국면을 지나 본격적인 실적 성장의 시기로 진입했다는 분석이 지배적이다. 특히 데이터 처리 속도를 획기적으로 높인 차세대 메모리인 'DDR5' 전환에 선제적으로 대응한 기업들의 이익 개선 속도가 두드러지는 시기다.

실전에서는 SK하이닉스와 주요 소부장 종목들의 수급 동향을 복합적으로 살펴야 한다. 최근에는 한국의 후공정 업체들이 글로벌 빅테크 기업들과 직접 계약을 맺으며 독자적인 생태계를 구축하고 있다는 점이 강력한 호재로 부각되고 있다.

개별 기업의 기술 리스크에 가슴 졸일 필요 없이 대한민국 반도체 전체의 기술력에 베팅하라. 반도체는 이제 산업을 넘어 국가 간 '기술 안보'의 핵심이며, 전 세계가 한국의 공장 앞에 줄을 서는 지금이 그 결실을 취할 골든타임이다.

대한민국 반도체의 '진짜 엔진'들을 내 계좌의 성장 동력으로 삼아라. 기술의 정점에 투자하는 실리적인 결단이 당신을 반도체 제국의 주주로 만들고, 전 세계가 우리 기술을 찾을 때마다 확실한 숫자로 보답할 것이다.

TIGER AI반도체핵심공정 : HBM 핵심 공정 기업들을 묶다

**반도체를 층층이 쌓는 HBM 핵심 장비주를 선점하라.
공정 난이도가 높을수록 독보적인 기술 가치는 뛴다.
우리 강소기업들이 전 세계 지형을 흔들고 있다.**

반도체 산업의 '심장부'에 투자하고 싶다면 이 상품이 정답이다. 여러 개의 메모리를 아파트처럼 높게 쌓아 데이터 통로를 수천 개로 늘린 고성능 반도체인 'HBM(고대역폭메모리)' 생산의 핵심 공정 기업들에 투자하자.

반도체는 이제 미세 공정의 한계를 돌파하기 위한 장비와 소재의 혁신이 생존을 결정하는 단계에 접어들었다. SK하이닉스와 삼성전자가 HBM4 양산 경쟁을 본격화하면서, 여기에 필요한 반도체를 정밀하게 붙이는 '본딩(Bonding)' 및 '검사 장비'를 공급하는 우리 강소기업들이 전 세계 지형을 흔들고 있다.

2026년 반도체 업계의 최대 화두는 고객사가 요구하는 설계에 맞춰 생산하는 '커스텀 HBM'의 안착이다. 이 과정에서 빅테크들은 성능 최적화를 위해 한국의 핵심 장비사들과 직접 기술 회의를 열 만큼, 소부장 기업들의 위상은 단순히 부품을 납품하는 단계를 넘어섰다.

이 상품은 기술 변화의 수혜를 입는 강소기업들을 다층적으로 담아, 개별 종목 선정의 리스크를 줄이면서도 업황의 성과를 골고루 누리게 한다. 엔비디아의 차세대 AI 플랫폼 '베라 루빈'에 탑재될 HBM의 핵심 공정을 우리 소부장 기업들이 선점하고 있다는 점은 강력한 투자 근거다.

특히 기존 본딩 방식을 넘어 반도체를 구리 배선 없이 직접 붙여 성능을 극대화하는 '하이브리드 본딩' 기술이 상용화 궤도에 올랐다. 이 기술 장벽을 넘은 기업들은 글로벌 반도체 생태계에서 대체 불가능한 '슈퍼 을'의 지위를 확보하며 영업이익률의 한계를 깨고 있다.

차세대 패키징(조립 및 보호 기술)이나 신규 공정 도입 시 수혜가 예상되는 장비주들의 비중은 이 상품의 차별화된 매력이다. 한미반도체를 비롯한 AI 반도체 밸류체인의 핵심 기업들이 내 계좌의 수익률을 견인하는 구조를 갖추고 있다.

글로벌 공급망 재편 속에서 국내 소부장 기업들의 국산화 성과는 기초 체력을 강화하는 동력이다. 지금은 HBM4(6세대)의 주도권 싸움을 넘어 7세대인 HBM4E 선점 경쟁이 시작되는 시기로, 공정 한계를 돌파하는 신기술을 보유한 기업들이 다시 한번 가치 재평가를 준비하고 있다. 이 기회의 길목을 지키는 것은 투자자로서 가장 영리한 전략이다.

대한민국 반도체의 날카로운 기술 그물을 내 계좌의 성장 기반으로 삼아라. 6세대를 넘어 7세대로 향하는 HBM의 계단마다 당신의 자산이 함께 올라타는 짜릿한 실리를 누려야 할 시점이다.

TIGER AI반도체핵심공정

- 운용사: 미래에셋자산운용
- 시가총액: 1,369억 원
- 1년 / 1개월 수익률(2026년 1월 30일 기준): +71.71% / +47.25%
- 구성종목 상위: 한미반도체 22.26%, 리노공업 19.36%, 이수페타시스 17.03%, HPSP 10.60%, 이오테크닉스 9.50%

TIGER 2차전지테마:
로봇과 ESS로 다시 비상하다

**2차전지는 이제 휴머노이드 로봇의 심장이자
AI 시대의 심각한 전력난을 해결할 ESS라는
새로운 날개를 달고 재도약하고 있다.**

대한민국 배터리 산업이 전기차를 넘어 로봇 시장을 차세대 성장 동력으로 정조준했다. 당장의 수요는 전체의 0.5% 수준에 불과하지만, 고도의 에너지 밀도와 순간 출력을 요구하는 휴머노이드 특성상 국내 기업들의 하이니켈 원통형 배터리가 시장의 독보적인 표준으로 자리 잡고 있다.

테슬라의 '옵티머스'와 현대차의 '달이(DAL-e)' 등 주요 로봇들이 국산 배터리를 탑재하며 로봇용 2차전지 수요는 연평균 20%

이상의 가파른 성장 궤도에 진입했다. 이는 리튬인산철(LFP) 중심인 중국 업체들이 따라올 수 없는 삼원계 기술력을 증명하는 격전지이자, 이르면 2027년 상용화될 전고체 배터리의 가장 빠른 시험 무대가 되고 있다.

2차전지의 진짜 저력은 AI 데이터센터 증설과 맞물린 ESS(에너지저장장치) 시장의 폭발적 팽창에서 나온다. 24시간 멈추지 않는 AI 서버의 안정적인 전력 공급을 위해 거대한 배터리 뱅크인 ESS 설치가 필수화되면서, 국내 기업들은 북미와 유럽을 중심으로 초대형 수주 릴레이를 이어가며 이익의 질을 한 단계 높였다.

전기차 시장 또한 양적 팽창기를 지나, 고효율·장거리 주행이 가능한 '롱레인지' 모델 위주로 질적 성장을 꾀하며 다시금 활력을 찾고 있다. 일시적인 수요 정체는 오히려 기술력이 부족한 한계 기업들을 걸러내는 필터링 과정이며, 살아남은 국내 대형 셀 업체들은 더 넓은 시장 점유율과 견고한 가격 지배력을 확보하는 기회를 맞이했다.

특히 국내 기업들은 그간 중국의 전유물로 여겨졌던 LFP 배터리 양산 체제를 본격 가동하며 보급형 전기차 시장까지 지배력을 넓히고 있다. 여기에 북미 현지 생산을 통해 받는 첨단제조생산세액공제(AMPC) 혜택이 영업이익의 상당 부분을 견인하며, 단순한 외형 성장을 넘어 현금 흐름이 대폭 개선되는 질적 변화의 구간에 진입했다는 점이 핵심이다.

LG에너지솔루션과 삼성SDI가 주도하는 4680 원통형 폼팩터는 로봇의 가동 시간을 늘리는 동시에 전기차의 생산 단가를 획기적으로 낮추는 게임 체인저로 작용한다. 한정된 공간 내에서 경량화와 안전성을 동시에 확보해야 하는 서비스 로봇과 가혹한 환경을 견뎌야 하는 ESS 시장에서 국산 배터리의 해자는 날이 갈수록 깊어지고 있다.

이제 2차전지 투자는 단순히 전기차 판매량에만 일희일비할 단계가 아니다. 공장에서 로봇이 움직이고 AI 데이터센터가 돌아가는 모든 풍경의 기저에는 결국 배터리 기술이 자리하고 있다. 로봇과 ESS, 전기차가 결합하여 만들어낼 강력한 시너지에 주목해야 할 때다.

TIGER 2차전지테마

- 운용사: 미래에셋자산운용
- 시가총액: 1조 4,148억 원
- 1년 / 1개월 수익률(2026년 1월 30일 기준): +37.28% / +24.15%
- 구성종목 상위: 삼성SDI 16.17%, POSCO홀딩스 12.90%, LG에너지솔루션 12.48%, LG화학 10.88%, 에코프로비엠 9.84%

KODEX 2차전지산업 : 배터리 3사에 정석으로 투자하기

전기차 수요 정체라는 긴 터널을 견뎌낸 최후의 승자는
한국의 셀 3사다. AI 데이터센터가 부르는 ESS 시장의 폭발,
이로써 거인들이 독점할 새로운 수익원에 올라타라.

2차전지 산업의 주인공은 결국 배터리를 만드는 '셀' 업체다. 한국 배터리 산업을 이끄는 거인들을 중심으로 정석 투자를 하고 싶은 이들에게 최고의 해법이다. LG에너지솔루션, 삼성SDI, SK온 등 세계 시장을 주도하는 셀 제조사들을 높은 비중으로 담고 있다.

배터리 업계는 전기차 수요가 주춤하는 '캐즘'의 긴 터널을 지나고 있다. 하지만 1등 기업들은 이 시기를 기술 격차를 벌리는 기회로 삼아, 화재 위험을 획기적으로 낮춘 전고체 배터리의 파일럿 단계를 넘어 실제 차량 탑재를 위한 양산형 샘플의 수율을 안정궤도에 올리고 대량 생산 체제에 진입했다.

글로벌 자동차 업체들과 파트너십을 맺은 1등 기업들에 집중함으로써 테마주의 불확실성을 거부하는 실리적인 투자가 가능하다. 최근 주요국들이 공급망 안보를 위해 한국 배터리 3사와의 협력을 공격적으로 늘리면서, 이들의 수주 잔고는 거대한 현금 창출 기계로 변모하고 있다.

특히 전기차의 빈자리를 인공지능(AI) 데이터센터 가동에 필수적인 ESS(에너지저장장치)가 빠르게 채우고 있다. 24시간 멈추지 않는 AI 서버를 돌리기 위한 거대 배터리 시스템 수주가 폭발하면서, 셀 업체들에게 자동차 산업을 능가하는 새로운 고마진 수익원을 제공하고 있다.

주요 국가들의 보조금 정책과 탄소 규제는 2차전지 섹터의 방향을 결정짓는 핵심 변수다. 수급 과열에 흥분하기보다 기업들의 실질적인 설비 가동률과 수주 잔고를 차분하게 확인하는 시스템적 접근이 필요하다.

최근 한국 기업들은 중국의 전유물이었던 보급형 LFP(리튬인산철) 배터리 양산에도 성공하며 시장 지배력을 전방위로 넓혔다. 고가의 프리미엄 제품부터 저가형 모델까지 모든 밸류체인을 장악한 거인들의 저력은 이제 본격적인 실적 반등의 신호를 보내고 있다.

단순한 유행이 아닌 국가 단위의 제조력이 시험받는 시기, 최후의 승자는 결국 이 3대 거인이 될 수밖에 없음을 명심하라. 시스템이 제시하는 본질적인 가치에 집중할 때 당신의 자산은 더욱 견고해질 것이다.

대한민국 배터리의 정수를 내 계좌의 안정적인 성장 동력으로 삼아라. 캐즘이라는 파도를 견뎌낸 거인들이 AI와 신재생 에너지가 만나는 거대한 물줄기를 따라 당신의 자산을 가장 멀리 실어 나를 것이다.

KODEX 2차전지산업

- 운용사: 삼성자산운용
- 시가총액: 1조 9,124억 원
- 1년 / 1개월 수익률(2026년 1월 30일 기준): +36.91% / +25.46%
- 구성종목 상위: 삼성SDI 17.29%, LG에너지솔루션 16.26%, POSCO홀딩스 11.93%, 에코프로비엠 11.48%, 에코프로 10.08%

TIGER 2차전지소재Fn：
양극재와 소재주를 집중 공략한다

무엇을 만드는가보다 무엇으로 만드는가가 더 큰 돈이 된다.
글로벌 완성차 업체들이 줄을 서는 핵심 소재로 승부하라.
독보적인 소재 기술력이 에너지 전쟁의 승기를 잡는다.

배터리 원가의 절반을 차지하는 양극재를 비롯해 소재 기업들의 폭발적인 성장성에 베팅하고 싶다면 이 상품이 가장 날카로운 무기다. 핵심 소재 기업들로 포트폴리오를 압축해 섹터 특유의 높은 수익 탄력을 계좌에 그대로 반영한다.

에코프로, 포스코퓨처엠 등 배터리 생태계를 실질적으로 주도하는 소재 강자들을 높은 비중으로 담았다. 셀 업체들이 대규모 설비 투자에 집중한다면 소재 업체들은 독보적인 기술력을 바탕으로 업황 상승기에 지수보다 훨씬 강한 탄력을 보여준다.

글로벌 자동차 회사들이 배터리 내재화를 꿈꾸더라도 핵심 소재는 결국 전문 기업들에 의존해야 하기에 장기적인 성장 스토리의 주인공은 바로 이들이다. 특히 광물 가격이 안정화되면서 소재 가격에서 원재료비를 뺀 이익인 '마진 구조'가 개선되는 긍정적인 신호가 나타나고 있다.

개별 종목의 급등락에 일희일비하기보다 소재주 묶음을 통해 시스템적으로 성장의 파도를 타는 것이 실리적이다. 최근에는 배터리 충전 속도를 높이는 도전재 등 신규 소재들이 실제 차량에 탑재되기 시작하며 기존 양극재를 넘어선 새로운 수익원이 창출되고 있다.

높은 변동성을 감내하더라도 섹터 내에서 가장 화끈한 수익 기회를 찾는 공격적인 투자자에게 이보다 매력적인 상품은 없다. 핵심 광물 확보와 공급망 다변화 이슈는 소재 기업들의 가치를 결정짓는 중요한 변수임을 기억해야 한다.

이 상품은 업계 내 비중이 큰 종목들을 효율적으로 분산해 담고 있어, 특정 기업의 돌발 리스크가 계좌 전체로 번지는 것을 막아주는 효과도 쏠쏠하다. 변동성이 워낙 큰 섹터이니 만큼, 주가 움직임에 감정적으로 대응하기보다 시스템이 걸러낸 핵심 기업들의 집합체로서 이 상품을 소유하라.

한국 소재 기업들은 인도와 동남아시아 등 신흥 시장의 배터리 공급망까지 영토를 확장하고 있다. 무엇을 만드는가보다 무엇으로 만드는가가 돈이 되는 시대, 소재주 집중 공략은 가장 영리한 실전 전술이다.

대한민국 소재 산업의 압도적인 기술력을 내 계좌의 성장 엔진으로 삼아라. 이 상품을 보유하는 것만으로도 당신의 자산은 2차전지 시대의 성장 에너지를 가장 직접적으로 느끼게 될 것이며, 기술의 진보가 가져다주는 결실을 온전히 향유하게 될 것이다.

TIGER 2차전지소재Fn

- 운용사: 미래에셋자산운용
- 시가총액: 8,754억 원
- 1년 / 1개월 수익률(2026년 1월 30일 기준): +69.88% / +34.47%
- 구성종목 상위: 에코프로 25.79%, 에코프로비엠 23.03%, 포스코퓨처엠 18.18%, POSCO홀딩스 14.33%, LG화학 9.06%

KODEX 자동차:
저평가된 모빌리티 가치에 베팅

하이브리드로 현재의 실적을 증명하고,
로보틱스와 소프트웨어로 가슴 벅찬 미래를 연다.
바퀴 달린 로봇으로의 진화, 그 혁신에 올라타라.

현대차와 기아가 글로벌 시장에서 사상 최대 실적을 경신하는 모습을 보며 "나만 자동차주가 없네"라고 후회했다면 지금이 기회다. 완성차 업체와 그 뒤를 든든히 받치는 핵심 부품사들에 집중해 흔들림 없는 성장의 과실을 나누는 가장 쉬운 방법이다.

이제 자동차는 단순히 타고 다니는 기계를 넘어, 스스로 판단하고 움직이는 '피지컬 AI' 로봇으로 진화하고 있다. 현대차그룹은 CES 2026을 통해 보스턴 다이내믹스의 로봇 기술을 자사 제조 공정과 차량 제어에 깊숙이 이식하며, 세계 최고의 'AI 모빌리티 생태계' 구축을 선언했다.

특히 차량의 모든 기능을 소프트웨어가 제어하는 'SDV(소프트웨어 중심 자동차)'로의 전환이 2026년 상용화의 본궤도에 올랐다. 스마트폰처럼 무선 업데이트(OTA)로 차의 성능을 개선하고 기능을 구독하는 시대가 열리면서, 자동차 회사는 이제 제조사를 넘어 플랫폼 서비스 기업으로 탈바꿈 중이다.

SDV 전략은 단순히 화려한 기능을 제공하는 데 그치지 않고, 복잡한 하드웨어 부품을 소프트웨어로 통합해 생산 원가를 획기적으로 낮추는 수익성 혁명을 동반한다. 차량 노후화를 늦추고 중고차 잔존가치까지 시스템이 방어해주는 구조는 자동차 산업의 고질적인 저평가(디스카운트)를 해소할 가장 강력한 열쇠다.

단순한 제조를 넘어 '데이터 플랫폼'으로서의 가치에 주목해야 한다. 주행 중 쌓이는 방대한 데이터를 AI가 학습해 보험, 정비, 인포테인먼트 서비스로 치환하는 이른바 '바퀴 달린 스마트폰' 비즈니스가 완성차 업체의 마진율을 테크 기업 수준으로 끌어올리는 핵심 동력이 되고 있다.

단순히 차를 많이 파는 것을 넘어, 엔진과 모터를 함께 쓰는 고부가가치 하이브리드(HEV) 모델이 실적을 견인하며 계좌에 찍히는 숫자의 질 자체가 달라졌다. 최근에는 주주환원 강화 정책뿐만 아니라 미래 기술에 대한 공격적인 투자가 동시에 진행되며 기업 가치를 재평가받고 있다.

'성장'과 '배당'이라는 클래식한 매력에 '로보틱스'라는 강력한 엔진을 추가한 자동차 섹터의 본질에 주목해야 한다. 자율주행 알고리즘이 고도화될수록 바퀴 달린 로봇인 자동차는 우리가 경험하지 못한 새로운 부가가치를 창출해낼 것이다. 최근에는 도심항공교통(UAM)과 자율주행 로보택시의 실증 사업이 성과를 내며, 현대차와 기아가 단순 제조사를 넘어 '모빌리티 서비스 기업'으로 재평가받는 흐름이 뚜렷하다.

잘 팔리는 차는 결코 주주를 배신하지 않으며, 똑똑해진 차는 상상 이상의 실리를 가져다준다. 세계 도로를 누비는 우리 자동차들만큼 당신의 자산도 거침없이 전진하게 하라.

KODEX 자동차

- 운용사: 삼성자산운용
- 시가총액: 5,845억 원
- 1년 / 1개월 수익률(2026년 1월 30일 기준): +75.78% / +27.35%
- 구성종목 상위: 현대차 28.54%, 현대모비스 18.11%, 기아 17.91%, 한국타이어앤테크놀로지 10.74%, HL만도 4.86%

KODEX 헬스케어:
고령화 시대의 영원한 필수 산업

아프지 않고 싶은 인류의 본능은 강력한 동력이다.
글로벌 경쟁력을 갖춘 K-바이오 정예군단에 투자하라.
필연적인 수요 폭발이 당신의 계좌를 풍요롭게 한다.

신약 개발이라는 '한 방'에 자산을 거는 도박 같은 투자에 지쳤다면 헬스케어 ETF가 정답이다. 의료 기기부터 제약, 바이오시밀러까지 아우르는 생태계 전체에 시스템적으로 투자해 인류의 영원한 숙제인 '건강'에 베팅하는 길이다.

이 상품에 투자하면 한 기업의 임상 실패나 규제 이슈에 계좌가 휘청거리는 단발성 승부를 피하면서도, 고령화 · 만성질환 · 의료 디지털화라는 거대한 구조적 흐름을 한 번에 포착한다. 병

원은 경기가 꺾여도 멈추지 않고, 치료는 불황에도 미뤄지지 않는다. 즉 헬스케어 ETF는 '대박'이 아니라 '지속'에 투자하는 방식이며, 변동성의 파도 속에서도 내 포트폴리오가 흔들리지 않게 붙잡아주는 장기 성장의 안전레일이 된다.

헬스케어는 고령화가 진행될수록 수요가 늘어날 수밖에 없는 구조적 성장 산업이다. 특히 글로벌 비만치료제 시장의 팽창과 함께 인슐린 분비를 조절해 식욕을 줄여주는 한국형 위고비(GLP-1) 관련 기업들이 가시적인 연구 성과를 내며 섹터 전체의 가치를 끌어올리고 있다.

우리 기업들이 다른 회사의 약을 대신 생산해주는 '위탁생산(CMO)'과 특허가 끝난 약을 똑같이 만드는 바이오시밀러 분야에서 세계적인 경쟁력을 쌓아온 것은 이 상품의 든든한 배경이다. 실질적인 이익 체력을 갖춘 기업들로 구성되어 차별화된 안정감을 준다.

최근에는 디지털 헬스케어와 AI 진단 기기들이 글로벌 승인을 잇달아 받아내며, K-바이오의 영토가 신약 제조를 넘어 소프트웨어로까지 확장되고 있다. AI를 활용한 암 조기 진단 솔루션은 글로벌 빅테크들과의 파트너십을 통해 전 세계 의료 현장에 빠르게 보급되고 있으며, 이는 제조 기반의 한국 바이오 기업들에게 고부가가치 데이터 비즈니스라는 새로운 날개를 달아주었다.

전 세계가 '예방 의학'으로 패러다임을 전환하는 가운데, 한국의 헬스케어 기업들은 정밀 진단 장비와 디지털 치료제 분야에서 독보적인 가성비와 기술력을 인정받고 있다. 이제 헬스케어 투자는 단순히 신약 성공 여부를 기다리는 것이 아니라, 인류의 수명을 연장하는 거대한 '의료 인프라 혁신'에 동참하는 일이다.

한국의 헬스케어 기업들은 글로벌 대형 제약사들과의 공동 개발 및 기술 수출 계약을 활발히 체결하며 실력을 증명하고 있다. 이는 섹터의 하단을 지지하는 가장 강력한 팩트가 된다.

한 종목 '대박'의 유혹을 뿌리치고 헬스케어 섹터의 '필연적 성장'에 주목하자. 아프지 않고 살고 싶은 마음은 전 인류의 공통이며, 그 강력한 본능은 가장 강력한 수급의 동력이 된다.

KODEX 헬스케어

- 운용사: 삼성자산운용
- 시가총액: 1,246억 원
- 1년 / 1개월 수익률(2026년 1월 30일 기준): +37.76% / +10.52%
- 구성종목 상위: 셀트리온 18.63%, 삼성바이오로직스 10.44%, 알테오젠 9.83%, 에이비엘바이오 4.74%, 삼천당제약 3.90%

TIGER 로봇TOP10:
피지컬 로봇 시대는 이제 시작

노동력 부족 시대에 로봇은 필연적인 동반자다.
판단하고 움직이는 피지컬 AI 혁명에 자산을 태워라.
한계를 넘는 로봇의 진화는 예정된 미래다.

소형 로봇주에 가슴 졸이기보다 대한민국 로봇 산업의 표준을 만드는 상위 10개 기업에 집중하라. 미래 성장 동력을 선점하면서도 개별 종목의 변동성에 스트레스 받지 않고 대형주 위주의 안정감을 가져가는 영리한 전략이다.

로봇은 고령화로 인한 노동력 부족을 해결할 유일한 대안이다. 2026년 로봇 산업은 단순히 정해진 규칙을 따르는 자동화를 넘어, 스스로 환경을 분석하고 작업을 최적화하는 '에이전트형

AI(Agentic AI)'의 시대로 진입했다. 업계 추정에 따르면, 2026년 전세계 산업용 로봇 설치 시장 가치가 사상 최대인 24조 원을 돌파할 것으로 전망했으며, 그 중심에는 인간과 같은 공간에서 협업하는 지능형 로봇들이 자리 잡고 있다.

특히 2026년은 연구실에 머물던 범용 휴머노이드 로봇이 실제 자동차 조립 라인과 물류 창고에 대량 배치되는 '휴머노이드 양산의 원년'이다. 우리 로봇 기업들은 인간의 미세한 손동작을 구현하는 액추에이터 기술력을 바탕으로 글로벌 빅테크들의 제조 파트너 자리를 꿰차며, 단순 하드웨어 공급을 넘어 로봇 운영체제(OS)를 포함한 통합 솔루션을 수출하는 단계에 올라섰다.

또한 로봇이 스스로 모든 것을 처리하던 과거와 달리 중앙 서버의 강력한 AI를 실시간으로 빌려 쓰는 '클라우드 로보틱스'가 보편화되면서 로봇의 지능 파편화 문제가 해결되었다. 이는 로봇을 한 번 팔고 끝내는 것이 아니라, 매달 소프트웨어 업데이트 비용을 받는 'RaaS(서비스형 로봇)' 모델을 정착시켜 우리 로봇주들의 이익 구조를 테크 기업 수준으로 재편하고 있다.

대기업들의 로봇 산업 진출과 지분 투자가 본격화되는 흐름은, 이 상품의 신뢰를 높인다. 하드웨어를 넘어 소프트웨어와 결합한 로봇이 '똑똑한 일손'이 되는 시대, 이 ETF는 대한민국 로봇 생태계의 정수를 소유하는 실리적인 바구니가 된다.

최근 우리 기업들은 로봇 원가의 핵심인 '정밀 감속기'와 '제어기'의 국산화율을 획기적으로 끌어올리며 그동안 지적받던 수익성 구조를 개선하는 데 성공했다. 이는 로봇 생산량이 늘어날수록 오히려 수입 의존도가 높아지던 고질적 한계를 극복하고, 수출 경쟁력을 갖춘 '공급망 강국'으로 도약하는 결정적인 동력이 되고 있다.

로봇을 '먼 미래'가 아닌 '당장의 혁명'으로 봐야 한다. 인간의 한계를 넘는 로봇의 움직임을 내 계좌의 새로운 성장 엔진으로 삼아라. 로봇이 일하는 세상이 오고 있다. 그 세상에서 수익을 거두는 주인공은 바로 당신이어야 한다.

TIGER 로봇TOP10

- 운용사: 미래에셋자산운용
- 시가총액: 6,832억 원
- 1년 / 1개월 수익률(2026년 1월 30일 기준): - (2026년 1월 6일 상장)
- 구성종목 상위: 레인보우로보틱스 14.55%, 로보티즈 11.84%, 에스피지 10.83%, 뉴로메카 10.23%, 두산로보틱스 9.83%

KODEX K-신재생에너지액티브:
탄소 중립이 만드는 에너지 기회

**탄소 중립은 국가 안보이자 거대한 인프라 사업이다.
전력망을 새로 깔고 에너지를 저장하는 기술을 사라.
에너지 주권 시대의 수혜를 누리는 가치 있는 투자다.**

에너지 패러다임의 거대한 전환에서 투자 기회를 찾고 싶다면 이 상품이 정답이다. 신재생에너지 기업들의 실적 개선이 계좌의 수익으로 연결되는 현장을 직접 경험할 수 있다. 신재생에너지는 이제 환경 보호를 넘어 에너지 안보와 직결되는 국가적 전략 산업이다.

태양광, 풍력, 수소 등 밸류체인 전반의 국내 강자들을 포괄한다. 주요국들의 보조금과 세제 혜택은 이 상품의 든든한 배경이다. 특히 최근에는 전력망 노후화로 인해 한국산 변압기와 거대 배터리 저장소인 ESS 수급이 활발해지며 인프라 분야의 수혜가 눈에 띈다.

2026년 신재생에너지 시장의 진정한 폭발력은 인공지능(AI) 데이터센터가 부르는 가공할 만한 전력 수요에서 나온다. 24시간 가동되는 AI 서버를 감당하기 위해 기존 전력망을 지능형 그리드로 교체하는 '슈퍼 사이클'이 도래했으며, 이 과정에서 독보적인 기술력을 갖춘 한국의 초고압 변압기와 해상풍력 하부구조물 기업들이 글로벌 공급망의 핵심 퍼즐로 등극했다.

특히 흩어진 재생에너지원을 소프트웨어로 통합해 하나의 발전소처럼 운영하는 '가상 발전소(VPP)' 기술의 상용화는 우리 기업들에게 제조를 넘어선 솔루션 수익을 안겨주고 있다. 이는 발전 효율의 불확실성을 데이터로 제어하며 에너지 효율을 극대화하는 혁신으로, 단순 설비 납품을 넘어 운영 마진을 챙기는 고수익 구조로의 체질 개선을 의미한다.

북미와 유럽을 중심으로 한 노후 전력망 교체 수요는 향후 10년간 이어질 장기 프로젝트다. 우리 신재생에너지 기업들은 현지 생산 거점을 기반으로 탄탄한 수주 잔고를 쌓아 올렸으며, 이는 정책의 부침에도 흔들리지 않는 실질적인 현금 흐름의 원천이 되고 있다.

우리나라 주요 기업들이 해외 현지 공장을 통해 실질적인 정책 수혜를 입으며 성과를 내기 시작했다는 점은 과거와는 확연히 다른 투자 근거를 제시한다. 탄소만 줄이는 게 아니라 전 세계의 전력망을 새로 까는 거대한 공사에 우리 기업들의 기술이 쓰이고 있다.

신재생에너지는 이제 '선택'이 아닌 '필연'이다. 정책적 불확실성을 이겨내는 유일한 힘은 실질적인 수주와 기술 격차다. 그 두 마리 토끼를 잡은 정예 기업들이 당신의 계좌를 위해 달리고 있음을 믿고 에너지의 주인이 되어라.

KODEX K-신재생에너지액티브

- 운용사: 삼성자산운용
- 시가총액: 777억 원
- 1년 / 1개월 수익률(2026년 1월 30일 기준): +122.88% / +17.32%
- 구성종목 상위: 효성중공업 11.67%, LS ELECTRIC 10.15%, 두산에너빌리티 9.87%, HD현대일렉트릭 9.36%, 한화솔루션 8.93%

PLUS K방산:
세계가 주목하는 K-방산의 대도약

하늘과 땅을 누비는 K-무기가 조 단위 실적을 만든다.
수주 잔고가 매출이 되는 골든타임의 주인이 되어라.
세계의 지정학적 위기는 좀처럼 종식되지 않을 것이다.

"한국 무기가 이렇게 잘 팔려?"라는 뉴스를 보며 가슴 벅찼다면 이제는 그 감동을 계좌의 수익으로 치환할 때다. 전 세계가 주목하는 K-방산의 압도적인 경쟁력에 올라타는 가장 확실한 길을 제시한다.

지구촌은 전례 없는 군비 경쟁의 시대로 진입했다. 미국산 무기의 비싼 가격과 느린 납기에 지친 각국은 이제 한국의 창원으로 시선을 돌리고 있으며, K-방산은 뛰어난 성능과 납기 준수 능력을 바탕으로 최첨단 체계의 글로벌 표준이 되었다.

수년간 이어진 상승세를 상투(최고점)로 보는 시각도 있지만, 지금은 이미 주문받은 물량인 '수주 잔고'가 실제 매출과 이익으로 전환되는 실적 장세 국면이다. 한화에어로스페이스, 현대로템 등 실전에서 검증된 방산 강자들이 산업의 성장을 주도한다.

단순한 무기 판매를 넘어 이제는 AI 드론과 무인 체계, 그리고 30년 먹거리인 'MRO' 시장까지 영토를 확장하고 있다. MRO는 무기를 유지·보수·정비하는 사업으로, 최근 미 해군의 함정 유지 보수 물량을 우리 기업들이 수주하면서 거대한 신시장이 열렸다.

수출 강국의 면모가 방위 산업에서도 꽃을 피우고 있다. 과거 내수 중심에서 이제는 수출 주도형으로 체질이 바뀌며 이익의 질이 급격히 좋아졌다. 이는 방산주가 단순히 지정학적 위기 때만 오르는 테마주가 아니라 대한민국을 먹여 살릴 핵심 수출 엔진임을 증명한다.

특히 인구 감소 시대에 대응한 무인화 기술 개발은 우리 방산의 미래 가치를 더욱 높이고 있다. 글로벌 국방 예산 증액 흐름은 이 섹터의 장기 성장을 약속하는 동력이며, 각국과의 전략적 파트너십 강화는 강력한 신뢰의 근거가 된다.

각 기업의 실적 발표와 함께 글로벌 수주 소식을 꼼꼼히 챙겨라. 방산은 정부 간 거래(G2G) 성격이 강하므로 국가 간 외교 관계와 정책 변화를 연동해서 살피는 안목이 필요하다. 이제 한국의 방산은 무기를 파는 것을 넘어, 해당 국가의 안보 생태계를 함께 구축하는 동반자로 격상되었다.

대한민국 제조업의 새로운 자존심, K-방산을 내 계좌의 든든한 성장 엔진으로 삼아라. 전 세계가 우리 무기를 산다는 것은 우리 기술이 세계 표준이 되고 있다는 증거다. 불확실한 시대의 미래를 우리 방산 기업들의 가치로 대비해 확실한 실리를 챙겨라.

시장의 흔들림 속에서도 방산주는 '숫자로 증명되는 성장'을 계속 보여줄 것이다. 대한민국 증시의 가장 뜨거운 심장 소리를 당신의 포트폴리오에 직접 이식하고, 조 단위 영업이익 시대의 과실을 온전히 향유하라.

PLUS K방산

- 운용사: 한화자산운용
- 시가총액: 1조 5,962억 원
- 1년 / 1개월 수익률(2026년 1월 30일 기준): +206.44% / +31.45%
- 구성종목 상위: 한화에어로스페이스 20.69%, 현대로템 18.52%, 한국항공우주 17.81%, 한화오션 17.63%, 한화시스템 10.19%

PLUS 우주항공&UAM:
지구를 넘어 우주로 뻗어가다

**지상을 넘어 이제는 광활한 우주로 영토를 넓혀라.
하늘을 나는 택시는 공간 혁명의 선구자 자리를 준다.
엄청난 기술 혁신이 가져올 기회를 먼저 소유하라.**

우주를 보는 선구적인 투자를 시작하라. 우주항공과 도심항공교통(UAM)은 인류의 생활 공간을 혁명적으로 바꿀 차세대 산업이다.

전 세계는 단순 위성 발사를 넘어 저궤도 위성 통신과 달 탐사가 경제력을 결정짓는 '뉴스페이스(New Space) 2.0' 시대에 진입했다. 우리 기업들이 글로벌 뉴스페이스 시장의 파트너로 당당히 이름을 올리고 있다.

특히 2026년은 전 세계 저궤도 위성망이 촘촘해지며 '위성 데이터 비즈니스'가 본격적인 수익 구간에 진입한 해다. 우리 기업들은 위성 안테나의 소형화와 고속 통신 기술력을 바탕으로 스타링크 등 글로벌 군집 위성 사업자들의 핵심 공급망을 장악했으며, 단순 부품 납품을 넘어 위성이 수집한 방대한 지형·환경 데이터를 AI로 분석해 판매하는 고부가 가치 서비스 시장으로 영역을 확장하고 있다.

도심항공교통(UAM) 분야 역시 기체 개발을 넘어 '버티포트(Vertiport, 이착륙장)' 중심의 도심 교통 관제 인프라 구축이 수익의 핵심으로 떠올랐다. 국내 기업들은 수도권 도심 실증 노선을 확보하며 자율 비행 관제 시스템의 표준을 선점하고 있으며, 이는 향후 스마트 시티의 혈관 역할을 하며 장기적인 운영 수익을 창출하는 독점적 비즈니스 모델이 될 것이다.

또한 우리 우주항공 기업들은 글로벌 우주 탐사 프로젝트인 '아르테미스' 계획의 세부 파트너로서 달 기지 건설에 필요한 특수 소재와 로봇 팔 기술력을 인정받고 있다. 이는 한 번의 이벤트성 발사가 아니라 수십 년간 이어질 거대 프로젝트의 일원으로서, 우리 기업들의 기술 가치가 글로벌 시장에서 지속적으로 재평가받는 강력한 동력이 된다.

이 상품은 인텔리안테크, 한국항공우주 등 위성 통신과 기체

제작 분야에서 세계적 수준에 도달한 국내 대표 기업들을 압축해서 담았다. 최근에는 하늘을 나는 택시인 UAM 기체가 국내 도심에서 실증 비행을 진행하며, 미래형 이동 수단이 점진적으로 현실로 다가오고 있다.

우주 산업은 국가 간 기술 패권 경쟁의 핵심이다. 정부의 강력한 육성 정책과 민간 기업들의 과감한 투자가 맞물리며, 이제 막 개화하기 시작한 이 시장은 상상 이상의 폭발적인 성장 잠재력을 품고 있다.

아직은 실적이 미비해 보일 수 있지만, 통신 위성 발사 가속화와 사업 확대는 이 섹터의 미래 가치를 현실로 바꾸고 있다. 우주는 미지의 영역이 아니라 새로운 기회의 땅이다.

PLUS 우주항공&UAM

- 운용사: 한화자산운용
- 시가총액: 2,467억 원
- 1년 / 1개월 수익률(2026년 1월 30일 기준): +189.46% / +62.62%
- 구성종목 상위: 쎄트렉아이 18.36%, 인텔리안테크 11.90%, 한국항공우주 8.90%, 한화시스템 8.34%, 에이치브이이엠 7.83%

SOL 조선TOP3플러스:
슈퍼 사이클을 맞은 K-조선의 힘

조선업의 슈퍼 사이클, 부르는 게 값이 되는 시장이다.
조 단위 영업이익을 쏟아내는 우리 조선소의 힘을 믿어라.
우리의 자산도 거대한 함선처럼 묵직하게 불어날 것이다.

바다를 지배하는 자가 세상을 지배한다는 말은 여전히 유효하다. 전 세계 배를 싹쓸이하는 K-조선의 화려한 부활을 보며, 다시 돌아온 조선업의 '슈퍼 사이클(장기 호황기)'에 올라타는 가장 확실하고 정밀한 길을 제시한다.

울산과 거제의 도크(배를 만드는 작업대)는 2029년 인도분 예약 경쟁이 치열할 만큼 '판매자 우위 시장'으로 완전히 바뀌었다. 새 배의 가격을 나타내는 '신조선가 지수'는 연일 최고 수준을 경신중이며, 이는 한국 조선사들이 부르는 게 값이 되는 골든 타임을 맞이했음을 의미한다.

조선업은 수년간의 불황을 견뎌내고 이제 본격적인 호황기에 진입했다. 최근에는 미 해군의 군함 유지보수 물량까지 우리 조선사들이 수주하기 시작하며, 상업용 선박을 넘어 방산과 결합한 새로운 '캐시카우(안정적인 수익원)'를 확보했다.

이 상품은 삼성중공업, 한화오션, HD현대중공업 등 세계 최고의 건조 능력을 갖춘 TOP3 기업에 집중 투자하며, 조선 산업의 정수를 가장 탄력 있게 담아낸다. 이미 4년 치 이상의 일감을 확보한 조선사들은 이제 이익이 높은 배만을 골라 담는 선별 수주 국면에 진입했다.

탄소 배출권 비용에 직면한 글로벌 선주들은 한국산 LNG선과 암모니아 추진선 외에는 대안이 없는 상황이다. 전 세계 노후 선박 교체 주기가 본격화되는 시기에 우리 조선사들의 친환경 기술력은 조 단위 현금을 쏟아내는 가장 확실한 경쟁력이 되고 있다.

과거의 '수주 목표 달성' 중심에서 이제는 '선별 수주를 통한 이익 극대화'로 패러다임이 전환되었다. 디지털 공간에 가상 공장을 만들어 시뮬레이션하는 '디지털 트윈' 기반의 스마트 야드 혁신은 인력 부족 문제를 해결하며 마진율을 끌어올리고 있다.

배만 잘 만드는 것이 아니라 그 안에 들어가는 핵심 부품사들의 성장까지 놓치지 않아, 조선업 전체의 온기를 계좌에 골고루 전달한다. 배의 심장이라 불리는 저속 엔진 시장의 압도적 지배력은 중국 조선소가 아무리 쫓아와도 넘볼 수 없는 한국만의 강력한 기술 성벽이다.

조선업은 업황 사이클이 묵직하고 길게 가는 특성이 있다. 10년을 기다려온 기회의 문이 열렸고, 이제 막 조 단위 영업이익을 쏟아내는 기적의 현장을 우리는 목격하고 있다.

전 세계 바다를 호령하는 우리 조선업의 에너지를 내 계좌의 든든한 성장 엔진으로 삼아라. 거대한 함선처럼 묵직하게 불어날 당신의 자산이 슈퍼 사이클의 압도적인 결실을 온전히 향유하게 될 것이다.

SOL 조선TOP3플러스

- 운용사: 신한자산운용
- 시가총액: 1조 9,506억 원
- 1년 / 1개월 수익률(2026년 1월 30일 기준): +107.59% / +15.05%
- 구성종목 상위: 삼성중공업 26.63%, 한화오션 25.44%, HD현대중공업 23.55%, HD한국조선해양 15.16%, 한화엔진 2.42%

TIGER 구리실물:
에너지와 AI의 혈관에 투자한다

**AI와 전기차 시대의 혈관인 구리는 대체 불가능하다.
공급 부족 속에서 '붉은 금'을 직접 소유하는 것은
자산 가치를 지키는 가장 고전적이고 확실한 비결이다.**

산업의 쌀이 반도체라면 에너지 전환 시대의 혈관은 바로 구리다. 전기차 한 대에 내연기관차보다 3~4배나 많은 구리가 들어간다는 사실을 아는가? 2차전지 전쟁의 진짜 숨은 주인공, 구리에 직접 투자하는 실리적인 길을 열어준다.

인공지능(AI) 데이터센터를 하나 지을 때마다 막대한 전력이 필요하고, 그 전력을 잇는 거대한 구리 배선망 없이는 어떤 최첨단 AI도 구동될 수 없기 때문이다. 이제 구리는 단순 비철금속을 넘어 'AI 안보 자산'으로 격상되었다.

2026년 현재, AI 데이터센터 용량 1메가와트(MW)를 확충할 때마다 배선과 냉각 시스템을 위해 약 30~40톤의 구리가 새롭게 투입되고 있다. 전 세계적인 데이터센터 증설 붐이 구리 수요를 폭발시키며, JP모건 등 주요 기관들은 2026년 글로벌 정련 구리 부족량이 50만 톤을 넘어설 것이라는 긴박한 전망을 내놓고 있다.

수요는 기하급수적으로 늘어나는 반면, 공급은 '구조적 절벽'에 직면했다. 칠레와 페루 등 주요 광산의 노후화와 환경 규제로 인한 생산 차질이 장기화되면서, 신규 광산 개발에만 평균 20년 이상이 소요되는 공급 제약이 구리 가격의 강력한 하방 지지선을 형성하고 있다.

특히 구리는 전기차뿐만 아니라 신재생 에너지 발전, 전력망 확충에 없어서는 안 될 필수 자원이다. 누가 AI 패권을 잡든, 어떤 배터리가 표준이 되든 결국 구리는 쓰일 수밖에 없기에 원재료를 선점하는 투자는 업황의 불확실성을 이겨내는 가장 영리한 전략이 된다.

이 상품은 조달청 창고에 보관된 구리 창고증권에 투자한다. 종이 위 숫자가 아니라 실물을 바탕으로 운용되기에, 인플레이션이 발생해 물가가 오를 때 내 자산 가치를 지켜주는 가장 단단한 방패 역할을 톡톡히 한다.

최근 글로벌 광산 공급 차질이 장기화되면서 구리는 '제2의 오일'이라 불릴 만큼 귀한 몸이 되었다. 이제 구리는 단순한 원자재를 넘어 국가 간 인프라 경쟁의 핵심 병기가 되었으며, 실물 자산을 포트폴리오의 한 축으로 삼는 것은 화폐 가치 하락의 파도를 넘는 보수적 투자자의 필살기다.

전 세계 에너지 혁명의 혈관이 되는 구리를 내 계좌의 핵심 자산으로 삼아라. 에너지가 흐르는 곳에 돈이 흐르며, 그 모든 흐름을 잇는 구리를 소유해 투자의 본질에 집중하라. 붉은 금, 구리가 선사할 새로운 가치를 당신의 계좌에 담아 인플레이션 시대를 선도하라.

TIGER 구리실물

- 운용사: 미래에셋자산운용
- 시가총액: 2,131억 원
- 1년 / 1개월 수익률(2026년 1월 30일 기준): +35.66% / +3.88%

PLUS 고배당주:
전통의 배당 강자들을 한데 묶다

흔들리지 않는 나무는 매년 풍성한 열매를 맺는다.
밸류업 정책이 가져온 배당의 힘을 근간으로 삼아라.
자산이 스스로 자라나는 복리의 마법을 경험하라.

주식 시장이 춤을 춰도 내 통장에는 꼬박꼬박 현금이 쌓이길 바라는가? 그렇다면 정답은 고배당주다. 성장에 대한 막연한 기대보다, 기업이 실제로 벌어들인 이익을 주주와 나누는 정직한 흐름에 집중하는 가장 실리적인 선택이다.

최근 우리 정부가 추진하는 기업 가치 제고 정책인 '밸류업'은 배당주들에게 날개를 달아주고 있다. 상장사들의 주주 환원 노력이 강화되면서, 배당수익률뿐만 아니라 주가 자체가 재평가받는 가치주의 반등이 관찰되고 있다.

고배당주 투자는 단순히 돈을 많이 주는 기업을 찾는 것을 넘어, 재무 구조가 탄탄하고 현금 창출력이 검증된 '진짜 알짜 기업'을 소유하는 일이다. 이 상품은 금융, 지주사 등 배당 수익률이 높은 전통의 강자들을 한데 묶어준다.

하방 경직성(주가가 일정 수준 이하로 잘 떨어지지 않는 성질)을 확보하면서도 정기적으로 유입되는 배당금은 재투자의 밑거름이 된다. 주가 등락에 따른 심리적 불안을 낮추면서도 배당이라는 확실한 성과를 누리는 구조는 장기 투자자에게 가장 큰 안식을 준다.

안정적인 현금 흐름을 원하지만, 매번 배당을 잘 줄 기업을 골라내기 힘든 보수적 투자자에게 최고의 대안이다. 시스템이 배당 수익률과 기업의 안정성을 꼼꼼히 따져 골라주니, 당신은 그저 그 결실을 누리기만 하면 된다.

성장주의 화려함은 없지만, 하락장에서 맷집을 증명하는 방어력은 압도적이다. 시장이 흔들릴 때 꼬박꼬박 들어오는 현금은 하락장을 오히려 자산 증식의 골든타임으로 바꿔주는 마법의 도구가 된다.

이 상품에 투자하기 전에 '정체된 기업'이 아닌 '돈을 잘 버는 기업'에 투자한다고 생각을 바꿔야 한다. 흔들리지 않는 배당의 힘을 내 계좌의 단단한 뿌리로 삼아 변동성의 파도를 이겨내라.

투자의 완성은 결국 '현금 흐름'이다. 내 자산이 스스로 돈을 벌어다주는 기쁨을 이 고배당주 바구니에서 시작해보라. 성장주의 화려함에 눈이 멀기보다 시간과 복리가 일하게 하는 배당의 힘을 믿는 것이 이기는 길이다.

뿌리가 깊은 나무는 바람에 흔들리지 않고 매년 풍성한 열매를 맺는다. 밸류업 프로그램이 가져온 가치주의 시대, 당신의 계좌에 튼튼한 배당 나무 한 그루를 심어 노후를 준비하라.

PLUS 고배당주

- 운용사: 한화자산운용
- 시가총액: 2조 273억 원
- 1년 / 1개월 수익률(2026년 1월 30일 기준): +74.25% / +14.63%
- 구성종목 상위: 현대차 7.28%, 기아 5.72%, NH투자증권 5.07%, DB손해보험 4.70%, 기업은행 4.66%

TIGER 은행고배당플러스TOP10: 낮은 변동성과 높은 분배금의 조화

월세를 받는 부동산처럼 매달 현금이 쌓이는 즐거움!
낮은 변동성과 높은 분배금으로 자산 관리를 끝내라.
은행 거인의 압도적 이익을 노후 연금으로 만드는 기술이다.

성장주의 화려한 불꽃놀이보다 차분하게 쌓이는 분배금과 낮은 변동성이 더 매력적이라면 이 상품이 제격이다. 시장의 온갖 소음에 일희일비하지 않고, 자산의 안정성에 무게를 두는 투자자들을 위한 맞춤형 해법이다.

분기마다 들어오는 분배금의 가시성이 높아지면서, 마치 월세를 받는 부동산처럼 내 자산을 체계적으로 관리하는 수단이 되어준다. 은행주를 중심으로 변동성이 낮고 재무적 신뢰가 높은

10개 종목만 엄선했다.

국내 은행들은 견조한 실적을 바탕으로 주주 환원 정책을 강화하고 있다. 이제 은행주는 지루한 종목이 아니라, 안정적인 현금을 쏟아내는 '인컴(Income)' 자산으로서의 가치가 부각되고 있다.

단순히 배당만 많이 주는 기업이 아니라, 우리 경제의 근간인 은행주를 중심으로 변동성이 낮고 재무적 신뢰가 높은 10개 종목만 엄선했다. 덕분에 시장이 요동쳐도 내 계좌의 하락 폭은 상대적으로 작고, 정기적인 분배금은 심리적 안정을 준다.

변동성을 극도로 싫어하면서 안정적인 인컴 수익을 추구하는 은퇴 예정자나 보수적 투자자에게 이 상품은 훌륭한 대안이다. 시스템이 배당 성향과 주가 안정성을 동시에 고려해 관리해주니, 이보다 편안한 투자는 없다.

가장 큰 매력은 하방 경직성이다. 은행주는 실적이 뒷받침되는 대표적인 저평가 우량주이기에, 지수가 밀릴 때도 든든하게 버티는 힘이 강해 하락장을 견디는 힘이 되어준다.

고배당주는 '지루한 상품'이 아닌 '리스크 대비 효율이 가장 높은 자산'이다. 자산의 흔들림을 잡아주는 배당의 힘을 내 계좌의 든든한 버팀목으로 삼아 원금을 지키는 지혜를 발휘하라.

돈이 일하게 하는 가장 쉬운 방법은 바로 배당이다. 은행 거인들의 이익을 당신의 연금으로 만드는 영리함을 발휘해 보라. 자본이 스스로 불어나는 현금 창출 시스템을 구축하는 것이 투자의 정석이다.

은행 거인들의 이익을 당신의 연금으로 만드는 결단이 필요하다. 밸류업 프로그램이 가져온 은행주의 재평가 국면을 놓치지 말고, 안정과 수익이라는 두 마리 토끼를 잡는 스마트한 주주가 되어라.

TIGER 은행고배당플러스TOP10

- 운용사: 미래에셋자산운용
- 시가총액: 7,044억 원
- 1년 / 1개월 수익률(2026년 1월 30일 기준): +70.36% / +7.72%
- 구성종목 상위: 우리금융지주 15.22%, 신한지주 15.12%, 하나금융지주 15%, KB금융 14.98%, 기업은행 14.84%

KODEX 머니마켓액티브:
너무나 스마트한 현금 주차장

현금을 그냥 잠들게 하지 마라.
은행 예금보다 유연하고 파킹통장보다 실리적인
최첨단 현금 관리 솔루션을 확보하라.

주식 시장의 방향성이 불투명할 때 위험한 것은 계획 없는 투매나 무의미한 방치다. KODEX 머니마켓액티브는 초단기 우량 채권과 기업어음(CP)에 투자해 원금 손실 걱정을 최소화하면서도 하루치 이자를 알뜰하게 쌓아가는 똑똑한 대피소다.

최근 금리 정책의 변곡점에서 무려 1조 원이 넘는 개인 자금이 이 상품으로 몰리며 '국민 파킹 ETF'로 등극했다. 특히 2026년 1월 한 달간 개인투자자들이 7,742억 원어치를 쓸어 담으며 전체 순

매수 4위에 올랐다는 팩트는, 영리한 투자자들이 이미 이곳을 현금 사령부로 삼았음을 증명한다.

이 상품의 진가는 일반 파킹통장과 달리 '복리 효과'가 매일의 분배금이 아닌 순자산가치(NAV)에 즉각 반영되어 주가에 녹아든다는 점에 있다. 은행 예금은 중도 해지 시 약정 이자를 포기해야 하지만, 머니마켓 ETF는 단 하루만 맡겨도 시장 금리 수준의 수익을 온전히 챙긴 채 장중 언제든 실시간 매도로 현금화할 수 있다.

또한 AAA급 초우량 CP와 정기예금 등 일반 개인은 접근하기 어려운 기관 전용 고금리 단기 금융상품들을 펀드 매니저가 엄선해 담는다는 점이 핵심이다. 단순히 지수를 따르는 수동적 방식을 넘어, 액티브 전략으로 종목의 시차를 이용한 플러스 알파 수익을 노리기에 자산의 기회비용을 극대화하려는 투자자들에게 최적의 선택이 된다.

가장 돋보이는 활용처는 퇴직연금(DC/IRP) 계좌로, 법적으로 정해진 안전자산 30% 비중을 채우기에 이보다 효율적인 대안은 없다. 연금 계좌 내에서 현금을 놀리지 않고 이 상품에 주차해두면, 안정적인 수익을 챙기면서도 증시 급락 시 즉시 주식을 매수할 수 있는 '대기 자금'으로서의 기동성을 완벽히 확보할 수 있다.

특히 퇴직연금 계좌에서 운용할 경우 발생한 수익에 대해 당장 과세하지 않고 인출 시점까지 미뤄주는 '과세 이연' 혜택이 적용

되어 복리 효과는 더욱 극대화된다. 세제 적격 계좌의 장점과 머니마켓의 안정성이 결합하면, 시간이 흐를수록 일반 예금에 담아 둔 자산과는 비교할 수 없는 세후 실질 수익률의 격차를 만들어 내게 된다.

시장이 요동칠수록 현금의 가치는 귀해지며, 이곳에 잘 보관된 현금은 다음 상승장에서 가장 날카로운 공격 자산으로 즉시 변모할 수 있는 '준비된 실탄'이 된다. 단 0.01%의 수익이라도 더 챙기려는 철저함이 훗날 자산의 크기를 바꾸는 결정적 변수가 되며, 이는 단순히 쉬는 것이 아니라 더 큰 도약을 위해 자본의 기초 체력을 다지는 세련된 투자 행위다.

KODEX 머니마켓액티브

- 운용사: 삼성자산운용
- 시가총액: 7조 5,239억
- 1년 / 1개월 수익률(2026년 1월 30일 기준): +3% / +0.3%

KODEX 단기채권:
대기 자금을 관리하는 영리한 기술

안개가 짙어 방향을 모를 때 현금을 놀리지 마라.
유동성과 수익을 동시에 거머쥐는 대기 자금의 정석!
기회의 순간에 투입할 수 있는 기동력이 승률을 바꾼다.

시장의 방향이 안개 속일 때, 무작정 현금을 계좌에 묵혀두는 것은 아까운 일이다. 유동성을 확보하면서도 현금을 놀리지 않고 나름의 수익을 챙기고 싶은 스마트한 투자자에게 이 상품은 가장 세련된 대피소가 된다.

단기채권 투자의 핵심은 만기가 짧은 국채나 우량 채권에 투자해 금리 변동에 따른 가격 하락 위험을 상대적으로 낮추는 데 있다. 이 상품은 잔존 만기가 짧은 우량 채권들을 담아, 주식 시장이 흔들려도 자산 가치를 꽉 잡아준다.

주식 비중을 줄이고 기회를 엿보는 시기, 이 ETF는 계좌의 기초 체력을 보강하는 훌륭한 도구다. 현금보다 높은 수익을 추구하면서도 언제든 팔아서 다시 주식을 살 수 있는 현금 같은 '환금성'이 이 상품의 최대 강점이다.

글로벌 금리 정책이 급변할 때 이 상품은 리스크 조절의 핵심이 된다. 불확실성이 높을 때 변동성이 낮은 자산으로 대피해 자산 효율을 높이는 과정은, 프로 투자자들이 포트폴리오를 관리하는 정교한 방식이다.

시장이 불안해 주식을 사기 겁나지만 예금에 묶어두기는 싫은 투자자에게 이 상품은 최적의 해법이다. 안정성을 추구하면서도 필요할 때 즉시 현금화할 수 있는 실리적인 선택지를 시스템적으로 제공한다.

실전에서는 시장 금리의 추이를 점검하며 주식 시장 재진입 타이밍을 노리는 거점으로 활용하라. 나만의 원칙에 따라 주식 비중을 조절하고 남은 돈을 기계적으로 예치하는 대응이 계좌 전체의 안정성을 유지하는 비결이다.

이 상품은 개별 채권을 직접 살 때의 복잡함과 낮은 환금성 문제를 단번에 해결해준다. 금리 변화를 상시 반영해 포트폴리오를 구성해주므로, 급변하는 금융 환경 속에서도 유연하게 대처할 수 있도록 돕는다.

단기채권은 '수익 낮은 상품'이 아닌 '다음 승부를 위한 준비 자산'이다. 무리하게 종목을 쫓기보다 우량한 단기 금리 자산에 머무르며 기회를 기다리는 것이 자산을 안전하게 지키는 영리한 길이다.

자산을 잠시 쉬게 하면서도 수익의 끈을 놓지 않는 기술을 내 계좌의 유동성 관리 수단으로 삼아라. 쉴 때도 돈은 벌어야 하며, 스마트한 대기 자금 관리가 다음 상승장에서 당신의 승률을 바꿔놓을 것이다.

KODEX 단기채권

- 운용사: 삼성자산운용
- 시가총액: 7,328억 원
- 1년 / 1개월 수익률(2026년 1월 30일 기준): +2.38% / +0.15%

KODEX KOFR금리액티브(합성) : 대기 자금의 효율을 한층 높인다

하루만 맡겨도 복리 이자가 쌓이는 영리한 상품이다.
잠시 물러나 다음 기회를 기다리며 자본의 효율을 높여라.
치밀한 현금 관리가 당신의 포트폴리오를 살찌운다.

시장 변동성을 피해 잠시 자산을 숨기고 싶을 때, 단 하루만 맡겨도 이자가 쌓이는 공간이 있다면 얼마나 좋을까? 현금을 그냥 두기보다 초단기 금리를 알뜰하게 챙기고 싶은 투자자에게 이 상품은 완벽한 파킹 통장이 된다.

이 상품의 핵심은 금융기관끼리 돈을 빌릴 때 쓰는 초단기 금리인 'KOFR(한국무위험지표금리)'를 따르는 데 있다. 만기가 단 하루인 자금을 굴리는 방식이라 금리가 변해도 가격이 떨어질 위험이 거의 없으며, 매일의 수익이 복리로 쌓인다.

주식 시장의 안개가 짙어 방향을 알 수 없을 때, 이 ETF는 가장 안전한 유동성 대피소가 된다. 현금의 유동성을 완벽히 유지하면서도 시장 금리 수준의 수익을 일 단위로 꼬박꼬박 쌓아가는 시스템적 운용의 극치다.

불확실한 장세에서 주식을 매도한 뒤 "다음은 어디일까" 고민하는 찰나의 시간에도 이 상품은 일을 한다. 정해진 기준에 따라 초단기 국공채 담보 금리를 반영하므로, 필요할 때 언제든 현금화해 다시 주식 시장으로 뛰어들 수 있다.

중앙은행의 금리 결정과 자금 시장의 상황이 수익의 변수지만, 워낙 단기물이라 변동성은 극히 낮다. 일시적인 금리 등락에 민감하기보다, 현금을 놀리지 않는다는 실리적 태도로 차분하게 대응하는 자세가 필요하다.

주식 시장의 저점 매수 기회를 노리는 '대기 자금'의 성격으로 이 ETF를 활용하라. 나만의 매매 원칙에 따라 주식 비중을 줄였을 때 남은 돈을 기계적으로 이곳에 예치하는 것이 계좌의 안정성을 지키는 비결이다.

이 상품에 투자하면 기관 투자자들만 누리던 정교한 단기 자금 운용의 혜택을 개인도 누리게 된다. 시스템이 알아서 금리 변화를 반영해주므로, 독자들은 복잡한 금융 공학을 몰라도 대기 자금의 효율을 극대화할 수 있다.

이 상품을 '자산 재배치를 위한 정거장'으로 봐야 한다. 안개 속에서 무리하게 위험 자산에 머물기보다, 지표 금리를 챙기며 다음 승부를 준비하는 것이 자산을 관리하는 세련된 기술이다.

자산을 쉬게 하는 순간에도 단 1원의 수익도 놓치지 않는 치밀함을 당신의 계좌에 이식하라. 시스템이 제시하는 초단기 파킹의 미학을 믿을 때 당신의 자산은 최적화된 자리가 된다. 대기 자금을 위한 가장 편안한 침대를 마련해주어라.

현금을 그냥 잠들게 하지 마라. 하루치 이자조차 소중히 여기는 태도가 당신의 계좌를 부자로 만든다. 초단기 파킹의 마법으로 자본의 효율을 극대화하며 다음 기회의 여명을 기다려라.

KODEX KOFR금리액티브(합성)

- 운용사: 삼성자산운용
- 시가총액: 4조 4,514억 원
- 1년 / 1개월 수익률(2026년 1월 30일 기준): +2.69% / +0.22%

미국 ETF 투자의 성패는 종목 선정을 넘어 환율 대응과 정교한 매매 시점 선택에 달려 있다. 단, 국내장 개장 직후의 호가 불안정성을 피해 유동성 공급이 원활한 오전 10시 이후에 진입하는 것이 유리하다. 보수가 낮아도 호가 간격(스프레드)이 벌어진 구간에서 매수하면 실질 비용이 상승하므로 주의해야 한다. 또한 표면적인 보수뿐만 아니라 기타 비용과 추적오차를 포함한 '실부담비용'을 반드시 대조해야 비용 누수를 막을 수 있다. 이 매매 규칙을 엄격히 준수해야만 지수의 성과를 계좌에 온전히 담는 시스템 투자가 완성된다. 결국 투자의 결실은 정해진 매뉴얼에 따라 제값에 체결시키는 집행의 정교함에서 결정된다.

2장

세계 시장의 표준: 미국 대표 지수와 핵심 섹터

SPY:
미국 경제의 보폭과 나란히 걷다

전 세계 부의 흐름이 모여드는 거대한 깔때기,
세계를 대표하는 미국 500대 거인의 이익에
가장 정교하게 빨대를 꽂는 투자의 정석을 경험하라.

SPDR S&P 500 ETF Trust(SPY)는 단순한 금융 상품을 넘어 인류의 소비 체계를 지배하는 글로벌 플랫폼들의 지분권을 소유하는 일이다. 애플의 기기를 쓰고 비자 카드로 결제하는 전 세계인의 일상이 멈추지 않는 한, 당신의 계좌는 미국 경제의 보폭과 나란히 걷게 된다.

최근, S&P 500은 단순한 시가총액 가중치를 넘어 'AI 생산성'을 기반으로 기업들의 마진율이 재편되는 구간에 진입했다. 과거의 전통 우량주들이 AI 기술을 도입해 고질적인 비용 구조를 혁신하며 이익 체력을 강화하는 현상이 지수의 하단을 단단히 지지하고 있다.

특히 미국 기업들의 사상 최대 규모 자사주 매입과 소각 정책은 주주 환원을 기업의 생존 본능으로 여기는 미국식 자본주의의 정수를 보여준다. 이는 지수의 변동성을 제어하는 동시에, 시간이 흐를수록 주당 가치를 높여 장기 투자자들에게 확실한 실리를 안겨주는 구조적 동력이 된다.

개별 종목의 부침에 일희일비할 필요 없이 전 세계에서 가장 돈을 잘 버는 정예 군단에 경영을 맡기는 셈이다. 에너지, 금융, 헬스케어 등 섹터별 순환매가 일어날 때마다 시스템이 알아서 비중을 조절해주니 투자자는 불필요한 분석 에너지를 아낄 수 있다.

최근 미국 정부의 리쇼어링 정책으로 인해 미국 내 설비 투자가 폭증하며 전통 산업주들의 실적이 가파르게 개선되고 있다. 이는 기술주 편향에서 벗어나 균형 잡힌 성장의 결실을 거둘 수 있는 포트폴리오의 안정성을 제공한다.

무엇보다 SPY는 전 세계 대형 기관들이 가장 신뢰하는 '표준 자산'이라는 점에 주목해야 한다. 시장에 예상치 못한 충격이 닥쳐도 가장 먼저 회복 탄력성을 보여주며, 글로벌 자금이 유입될 때 가장 묵직하게 전진하는 신뢰의 지표다.

미국 경제의 패권이 디지털을 넘어 피지컬 AI와 우주 산업으로 확장되는 시점에, 500개 거인들이 개척하는 영토의 지분권을 확보하는 것은 가장 영리한 전술이다. 개인이 일일이 대응하기 힘든 거시 경제의 변화를 시스템이 대신 관리해주니 투자자는 본업에 집중하며 자산의 성장을 지켜볼 수 있다.

시장의 잡음에 귀를 닫고 인류 역사상 가장 견고한 우상향 곡선을 그려온 미국 경제의 엔진에 자산을 실어라. 시간이 흐를수록 당신의 자산은 세계 경제의 성장분만큼 묵직하게 불어날 것이며, 이는 노후를 지탱하는 가장 든든한 뿌리가 될 것이다.

투자의 성패는 화려한 기법이 아니라 '얼마나 오래 살아남느냐'에 달려 있으며, SPY는 그 생존 투쟁에서 가장 강력한 함선이 되어준다. 자본주의의 정점에 선 기업들과 동행하며 그들이 거두는 승리의 전리품을 당신의 계좌로 차곡차곡 옮겨와라.

SPDR S&P 500 ETF Trust (SPY)

- 운용사: State Street Global Advisors Trust Co
- 거래대금(2026년 1월 29일 기준): 704억 USD
- 1년 / 1개월 수익률(2026년 1월 29일 기준): 16.90% / 1.12%
- 구성종목 상위: NVIDIA CORP 7.75%, APPLE INC 6.87%, MICROSOFT CORP 6.15%, AMAZON.COM INC 3.84%, ALPHABET INC CLASS A 3.12%

SH:
미국 하락장에서 내 자산을 지킨다

모두가 장밋빛 미래를 꿈꾸며 달릴 때,
영리한 투자자는 폭풍우에 대비한 방패를 준비하며
하락의 파고를 넘을 채비를 마친다.

시장의 거품이 꺼지고 지수가 고개를 숙일 때, 인버스는 단순히 하락에 베팅하는 도박이 아니라 내 우량주 자산을 보호하는 '계좌 보험'이 된다. ProShares Short S&P500(SH)는 S&P 500 지수의 하락 폭만큼 수익을 내는 구조로, 하락장에서도 홀로 미소 지을 수 있는 심리적 여유를 제공한다.

전 세계 경제 지표가 둔화되거나 예상치 못한 지정학적 위기가 발생하면 우량주라 해도 하락의 파도를 피할 수 없다. 이런 위기 상황에서 보유한 주식을 차마 팔지 못하는 투자자에게 SH는 포트폴리오 전체의 하락을 상쇄해주는 훌륭한 헤지(Hedge) 수단이 된다.

연준의 금리 정책 변화와 글로벌 공급망 긴장감이 고조되는 변곡점에서 인버스의 전략적 가치는 더욱 높아지고 있다. 무조건적인 낙관론에 취하기보다 시장의 냉각기가 찾아왔을 때 자산의 가치를 보전하는 법을 아는 것이 프로의 기술이다.

인버스는 평생 함께할 동반자가 아니라 잠시 빌려 쓰는 우산이라는 사실을 명문화해야 한다. 시장이 과열되었다는 판단이 들 때 짧고 강하게 활용해 하락의 충격을 흡수하고, 다시 지수가 바닥을 다질 때 수익을 실현하는 유연함이 실리 투자의 핵심이다.

많은 이들이 하락장에서 투매를 하며 손실을 확정 지을 때, SH로 얻은 수익을 통해 값싸진 우량주를 더 많이 줍는 여유를 가질 수 있다. 공포를 수익으로 치환하는 시스템적 장치는 하락장에서도 투자를 지속하게 만드는 힘이 된다.

비용 측면에서도 인버스는 장기 보유 시 발생하는 누적 비용이 있음을 인지하고 기민하게 대응해야 한다. 단기적인 지수 조정 구간에서 방어 효과에 집중하고, 흐름이 반전될 기미가 보이면 미련 없이 비중을 조절하는 절제가 필요하다.

시장의 밸류에이션이 부담스러운 수준에 도달했다면, 포트폴리오의 일부를 SH로 채워두는 것만으로도 밤잠을 설칠 걱정을 덜 수 있다. 폭풍우가 치기 전 안전장치를 걸어두는 감각이야말로 시장에서 끝까지 살아남아 결국 승자가 되는 비결이다.

수익률을 늘리는 기술만큼이나 손실을 관리하는 기술이 장기 성과를 좌우한다는 진리를 잊지 마라. 인버스라는 방패를 곁에 두는 실리적인 선택이 당신의 계좌를 시장의 풍파 속에서도 견고하게 지켜줄 것이다.

지수가 고점에서 꺾이는 순간 인버스로 대피해 자산의 안전을 확보하고, 다음 상승장의 서막을 차분하게 기다리는 주인공이 되어라. 하락은 누군가에게는 재앙이지만, 대비된 자에게는 또 다른 기회로 연결되는 징검다리일 뿐이다.

ProShares Short S&P500 (SH)

- 운용사: ProShare Advisors LLC
- 거래대금(2026년 1월 29일 기준): 2.67억 USD
- 1년 / 1개월 수익률(2026년 1월 29일 기준): -10.79% / -0.67%

QQQ:
기술 혁신의 끝판왕들을 소유한다

**인류의 삶을 근본적으로 재설계하는
기술 패권 전쟁의 승리자들이 모인 혁신의 성역이며,
미래 권력을 선점하는 가장 확실한 통로가 되어준다.**

Invesco QQQ Trust(QQQ)는 세상을 바꾸는 파괴적 혁신의 정수인 나스닥 상위 100개 기업의 성과를 내 계좌로 고스란히 옮겨오는 핵심 통로다. 금융주를 제외하고 오직 기술과 성장에만 집중한 이 바구니는 시대의 변화를 가장 민감하고 빠르게 반영한다.

인공지능, 자율주행, 클라우드 등 우리가 매일 마주하는 혁신의 결과물들이 나스닥 100이라는 이름 아래 가장 정교하게 응축

되어 있다. 나스닥은 단순한 소프트웨어를 넘어 '자율주행과 인간형 로봇'이 실적을 증명하는 실물 기술의 각축장이 되었다.

나스닥 100 기업들은 막대한 현금 보유력을 바탕으로 차세대 기술을 선점하며 독점 체제를 더욱 공고히 하고 있다. 거대 기술 기업들의 M&A 성과가 지수 전체의 가치 상승으로 연결되는 구조는 개별 벤처 투자 리스크 없이 혁신의 과실을 나누는 묘미를 준다. 최근에는 양자 컴퓨터와 바이오 테크의 결합이 가시화되면서 나스닥의 수익원이 전방위로 확장되는 추세다.

개별 기술주의 급락이 두렵다면 혁신의 총합인 100개 기업에 시스템적으로 투자하는 것이 정석이다. 한두 기업의 몰락이 지수를 일시적으로 흔들 수는 있어도, 기술 진보라는 거대한 시대적 물줄기 자체를 막을 수는 없기 때문이다.

인공지능이 인간의 지능을 넘어서는 '특이점'이 다가올수록 상위 1% 기술 기업들의 수익 독점 현상은 심화될 수밖에 없다. 이들의 연구 개발(R&D) 성과가 전 세계의 표준이 되는 과정을 지켜보며 그 성장의 지분을 확보하는 것은 가장 논리적인 투자법이다.

성장주의 변동성이 부담스러울 수 있지만, 장기적으로 기술의 우상향을 믿는 투자자에게 QQQ는 최고의 함선이다. 시스템이 선별한 100개 거인의 보폭에 내 자산을 맡길 때, 당신의 계좌는 기술 혁신의 가장 화려한 결실을 온전히 향유하게 될 것이다.

기술 혁신의 정점에서 쏟아지는 과실을 단 한 방울도 흘리지 말고 내 자산으로 치환하라. 인류의 미래를 설계하는 거인들과 어깨를 나란히 하며 전진할 때, 당신의 투자는 비로소 시대의 흐름과 완벽하게 일치하게 될 것이다.

세상을 바꾸는 힘은 기술에서 나오고, 그 기술을 소유하는 힘은 나스닥 100에 머무는 용기에서 나온다. 인류 문명의 진보가 가져다주는 달콤한 수익을 계좌에 담고 미래를 향해 과감히 발을 내디뎌라.

Invesco QQQ Trust (QQQ)

- 운용사: Invesco Capital Management LLC
- 거래대금(2026년 1월 29일 기준): 410억 USD
- 1년 / 1개월 수익률(2026년 1월 29일 기준): 22.14% / 1.96%
- 구성종목 상위: NVIDIA CORP 9.04%, APPLE INC 8.02%, MICROSOFT CORP 7.17%, AMAZON.COM INC 4.92%, TESLA INC 3.97%

PSQ:
기술주 조정 국면의 계좌 보험

나스닥의 랠리 이면에 숨겨진 변동성의 칼날로부터
내 계좌를 지키는 가장 이성적인 방패이며,
투자의 냉철한 판단력을 증명하는 도구다.

혁신 기술주는 상승장에서 누구보다 빠르게 달리지만, 조정장이 오면 그만큼 가파르게 꺾이는 숙명을 지녔다. ProShares Short QQQ(PSQ)는 나스닥 100 지수의 하락 폭을 1배로 추종하며, 기술주 비중이 높은 투자자의 포트폴리오가 한순간에 녹아내리는 것을 막아주는 안전판 역할을 수행한다.

특히 AI 거품론이나 금리 인상 같은 매크로 이슈가 기술주를 덮칠 때, PSQ는 단순한 하락 배팅을 넘어 자산의 가치를 보전하

는 전략적 도구가 된다. 보유 중인 우량 기술주를 매도하지 않고
도 하락의 충격을 상쇄할 수 있다는 점은 장기 투자자에게 커다
란 심리적 보상이 된다.

기술주들의 밸류에이션이 역사적 고점에 근접하면서 예기치
못한 작은 균열에도 시장이 크게 요동치고 있다. 이런 구간에서
PSQ를 적절히 섞어주는 것은 과속 주행 중인 자동차에 브레이
크 패드를 점검하는 것과 같은 영리한 예방 조치다.

인버스는 하락이 끝난 뒤 반등이 시작될 때 수익을 빠르게 실
현해야 하는 '시한부 자산'임을 명심해야 한다. 나스닥의 우상향
에너지는 강력하기에, 조정의 끝자락에서 인버스를 계속 들고 있
는 것은 오히려 계좌의 성장을 가로막는 장애물이 될 수 있다.

시장이 환희에 젖어 기술적 과열 신호를 보낼 때, 남들이 투매
를 걱정하는 동안 당신은 인버스로 확보한 수익을 계산하는 여
유를 가질 수 있다. 이 여유는 결국 지수가 바닥을 쳤을 때 다시
기술주를 싼 가격에 매집할 수 있는 용기의 원천이 된다.

비용 측면에서도 인버스 상품은 구조적으로 장기 보유에 적합
하지 않으므로, 시장의 계절적 변동성이나 특정 이벤트 구간에서
만 짧게 활용하는 감각이 필요하다. 하락을 즐기는 것이 아니라,
다음 상승을 위해 자본을 온전히 보존하는 것이 인버스 투자의
실전적 가치다.

글로벌 기술 패권 전쟁이 격화되며 변동성이 상수가 된 시장에서, 인버스라는 카드를 만질 줄 아는 투자자와 그렇지 못한 투자자의 성과는 극명하게 갈린다. 공포가 시장을 지배할 때 인버스는 당신의 계좌를 지탱하는 든든한 보험 증서가 되어줄 것이다.

수익을 내는 것보다 더 어려운 것은 수익을 지키는 일이며, PSQ는 그 어려운 과제를 해결해주는 실리적인 해법이다. 기술주의 화려함 속에 가려진 그림자를 직시하고, 인버스라는 방패를 통해 시장의 풍파를 유연하게 넘어서는 주인공이 되어라.

ProShares Short QQQ (PSQ)

- 운용사: ProShare Advisors LLC
- 거래대금(2026년 1월 29일 기준): 4.9억 USD
- 1년 / 1개월 수익률(2026년 1월 29일 기준): -16.42% / -1.53%

TQQQ:
나스닥의 폭발력을 3배로 즐긴다

나스닥 상승 에너지를 3배의 압도적인 탄력으로 치환해
부의 추월차선을 여는 공격적인 창이자,
수익의 극대화를 노리는 가장 날카로운 승부수다.

ProShares UltraPro QQQ(TQQQ)는 기술 혁신의 결실을 남들보다 3배 빠르게 계좌에 반영하고 싶은 투자자들을 위한 터보 엔진과 같다. 지수가 1% 오를 때 3%의 수익을 지향하며, 상승장의 물결을 제대로 탔을 때 보여주는 자산 증식의 속도는 그 어떤 상품도 흉내 낼 수 없다.

하지만 이 엔진은 다루기 매우 까다로운 양날의 검이다. 지수가 하락할 때의 고통 역시 3배로 다가오며, 특히 횡보장에서 지수는 제자리지만 레버리지 비용으로 원금이 깎이는 '변동성 잠식' 현상은 장기 투자자의 원금을 야금야금 갉아먹는 치명적인 독이 될 수도 있다.

2026년 들어 인공지능과 로보틱스가 결합한 '피지컬 AI' 혁명이 실적으로 증명되면서 나스닥의 우상향 추세는 더욱 가팔라지고 있다. 이런 강력한 추세 구간에서 TQQQ는 시간을 수익으로 바꾸는 가장 마법 같은 도구가 되며, 단기적인 랠리에서도 기록적인 성과를 만들어낸다.

성공적인 레버리지 투자의 핵심은 '사서 묻어두는 것'이 아니라, 명확한 상승 추세가 확인된 구간에서 전술적으로 진입하고 퇴출하는 유연함에 있다. 탐욕에 눈이 멀어 변동성을 간과한다면, 한 번의 깊은 조정에도 그간 쌓아온 모든 수익이 순식간에 신기루처럼 사라질 수 있음을 경계해야 한다.

따라서 TQQQ는 전체 자산의 일부만을 활용해 시장의 탄력을 즐기는 '스나이퍼' 식 접근이 필요하다. 거시 경제 지표가 우호적이고 대형 기술주들의 실적 발표가 예상을 뛰어넘는 골든타임에 레버리지 방아쇠를 당기는 결단력이 투자 수익률의 격차를 만든다.

최근에는 변동성을 관리하며 하락장에서 기계적으로 수량을 늘려가는 '무한 매수법' 등의 전략이 서학개미들 사이에서 유행하고 있다. 이는 레버리지의 위험성을 시스템적 대응으로 극복하려는 시도이며, 감정을 배제한 원칙 매매만이 이 위험한 창을 내 편으로 만드는 길이다.

시장의 환희가 극에 달할 때 과감히 이익을 실현하고, 공포가 지배할 때 다음 기회를 엿보는 절제는 레버리지 투자의 성패를 결정짓는 마지막 조각이다. TQQQ는 준비된 자에게는 부를 선사하는 가속 페달이지만, 준비되지 않은 자에게는 자산을 앗아가는 함정이 될 수 있음을 잊지 마라.

나스닥의 무한한 잠재력을 3배의 탄력으로 소유하고 싶은가? 그렇다면 시장의 흐름을 읽는 안목과 변동성을 견뎌낼 단단한 심장을 준비하라. 기술 혁신의 폭발력이 당신의 계좌를 성장의 한복판으로 인도하는 짜릿한 경험을 선사할 것이다.

ProShares UltraPro QQQ (TQQQ)

- 운용사: ProShare Advisors LLC
- 거래대금(2026년 1월 29일 기준): 60.1억 USD
- 1년 / 1개월 수익률(2026년 1월 29일 기준): 40.12% / 4.71%
- 구성종목 상위: NVIDIA CORP 5.93%, UNITED STATES OF AMERICA(GOVERNMENT) 5.92%, APPLE INC 5.26%, MICROSOFT CORP 4.70%, NOMURA BANK INTERNATIONAL PLC/NASDAQ 100 INDEX TRS 4.70%

VTI:
미국 시장 전체를 단 한 주로 담다

미국 땅에서 숨 쉬는 모든 상장 기업의 성장을
통째로 소유함으로써, 자본주의의 정수를
내 계좌에 이식하는 포괄적이고 영리한 전략이다.

Vanguard Total Stock Market Index Fund(VTI)는 S&P 500이 담지 못한 미국 중소형주까지 약 4천 개 기업을 포괄하며, 미국이라는 거대한 경제 생태계 자체를 복제하는 상품이다. 대형주의 안정성과 중소형주의 역동성을 동시에 확보해, 어떤 섹터에서 혁명이 일어나든 그 결실을 놓치지 않는 가장 완벽한 분산 투자처다.

기업의 크기와 상관없이 미국 경제가 성장하면 내 자산도 정직하게 불어난다는 믿음은 VTI 투자의 가장 강력한 철학적 기반이다. 애플 같은 거인부터 내일의 엔비디아를 꿈꾸는 이름 모를 유망주까지 한 바구니에 담아, 개별 종목 선정의 피로감을 완전히 소멸시킨다.

최근 미국 정부의 강력한 인프라 투자와 공급망 재편으로 인해 대형주 위주의 시장이 중소형 제조 기업들로 확산되는 온기가 뚜렷하다. VTI는 이런 시장의 '온기 확산'을 가장 빠르고 정확하게 계좌에 반영하며, 기술주 편향에서 벗어난 균형 잡힌 수익을 약속한다.

운용 보수 또한 뱅가드 특유의 철학에 따라 제로(0)에 가까운 수준을 유지하고 있어, 20년 이상의 장기 투자를 계획하는 이들에게는 최상의 가성비를 제공한다. 단 0.01%의 비용 차이가 노후 자산의 크기를 바꾸는 결정적 변수가 된다는 사실을 아는 스마트 투자자들의 성지다.

시장의 유행은 변하지만 미국이라는 국가가 가진 혁신의 DNA는 변하지 않는다는 점에 주목해야 한다. VTI를 보유한다는 것은 미국이 가진 자본의 힘과 창의성, 그리고 시스템의 복원력을 내 자산의 뿌리로 삼는 일이다.

최근에는 AI 기술이 산업 전반으로 스며들며 과거 저평가받던 중견 기업들이 혁신적인 생산성 개선을 이루고 있다. VTI는 이러한 '조용한 혁명'의 결과물까지 놓치지 않고 담아내어, 시장의 소외 없이 자산을 묵직하게 우상향시킨다.

복잡한 분석과 잦은 매매에 지친 투자자라면 VTI라는 가장 클래식한 정답지에 머무는 여유가 필요하다. 전 세계 자본이 가장 신뢰하는 미국 시장 전체를 한 주로 소유할 때, 당신은 비로소 시장의 소음에서 자유로운 투자의 본질을 깨닫게 될 것이다.

미국 경제의 과거와 현재, 그리고 보이지 않는 미래까지 이 한 주에 모두 담아라. 시간이 흐를수록 당신의 자산은 미국 경제의 성장판 위에서 가장 견고하게 영글어갈 것이며, 이는 당신의 경제적 자유를 완성하는 가장 확실한 보루가 될 것이다.

Vanguard Total Stock Market Index Fund (VTI)

- 운용사: Vanguard Capital Management, LLC
- 거래대금(2026년 1월 29일 기준): 33.7억 USD
- 1년 / 1개월 수익률(2026년 1월 29일 기준): 16.37% / 1.37%
- 구성종목 상위: NVIDIA CORP 6.56%, APPLE INC 6.12%, MICROSOFT CORP 5.47%, AMAZON.COM INC 3.38%, ALPHABET INC CLASS A 2.77%

VOO:
장기 투자자를 위한 최고의 상품

미국을 대표하는 500개 거인에 투자하면서도
비용이라는 이름의 군더더기를 가장 날카롭게 걷어낸
실리적 장기 투자의 표본을 직접 확인하라.

Vanguard 500 Index Fund(VOO)는 SPY와 동일한 S&P 500 지수를 추종하지만, 훨씬 낮은 운용 보수를 통해 장기 투자자의 실익을 극대화하는 데 초점을 맞춘다. 똑같은 수익률을 내는 두 함선이 있다면, 당연히 연료를 덜 쓰는 배를 선택하는 것이 장기 마라톤에서 승리하는 비결이다.

미국 경제의 80%를 차지하는 대형 우량주 500개는 경제 위기 속에서도 살아남아 시장을 재편해온 생존의 대가들이다. VOO는 이들의 성과를 0.01%의 보수 차이까지 따져가며 내 계좌로 옮겨오려는 실리적인 투자자들에게 최고의 선택지를 제공한다.

미국 기업들의 자사주 소각과 배당 확대가 상시화되면서 VOO가 제공하는 총수익률은 과거의 평균치를 상회하는 강력한 동력을 보여준다. 특히 AI 도입을 통한 비용 절감 효과가 대형주 위주로 먼저 나타나며, 지수의 펀더멘털은 그 어느 때보다 견고해진 상태다.

장기 투자자에게 보수는 단순한 숫자가 아니라, 수십 년 뒤 내 은퇴 자산을 갉아먹는 무서운 적이다. VOO는 뱅가드의 '투자자 우선' 철학을 상징하며, 투자자가 시장에서 거둔 과실을 운영사에게 뺏기지 않고 온전히 누릴 수 있도록 설계된 효율적인 도구다.

시장의 변동성에 흔들리기보다 내 계좌에서 새어나가는 비용을 통제하는 것이 훨씬 영리한 전술임을 잊지 마라. 비용을 이긴 수익은 결코 배신하지 않으며, 이 미세한 차이가 훗날 당신의 경제적 자유를 완성하는 결정적인 한 수가 될 것이다.

최근 글로벌 자산 배분 펀드들이 SPY에서 VOO로 대거 이동하는 흐름은 시장의 중심이 '거래 편의성'에서 '장기 효율성'으로 이동하고 있음을 시사한다. 개인 투자자 역시 기관처럼 치밀하게 비용을 계산하며 투자의 격을 높여야 할 시점이다.

미국 500대 기업은 인류의 소비 패턴이 바뀌어도 그에 맞춰 스스로 체질을 개선하는 자생력을 갖췄다. 에너지가 주도하던 시장이 기술 중심으로 변했듯, 앞으로의 변화도 S&P 500이라는 바구니 안에서 자동으로 리밸런싱되며 당신의 자산을 지켜줄 것이다.

가장 클래식한 지수를 가장 합리적인 비용으로 소유하는 여유를 가져라. 시스템이 제공하는 가성비의 극치를 내 자산의 뿌리로 삼을 때, 당신의 노후는 세계 최강 경제의 성장판 위에서 가장 안정적으로 영글어갈 것이다.

Vanguard 500 Index Fund (VOO)

- 운용사: Vanguard Capital Management, LLC
- 거래대금(2026년 1월 29일 기준): 41.7억 USD
- 1년 / 1개월 수익률(2026년 1월 29일 기준): 16.99% / 1.13%
- 구성종목 상위: NVIDIA CORP 7.74%, APPLE INC 6.86%, MICROSOFT CORP 6.14%, AMAZON.COM INC 3.83%, ALPHABET INC CLASS A 3.11%

SCHD:
배당 성장이 만드는 복리의 정석

매년 늘어나는 배당금의 묵직한 힘이
어떻게 자산을 무적의 요새로 만드는지 보여주는
배당 투자의 끝판왕이자 완벽한 복리 지침서다.

Schwab US Dividend Equity ETF(SCHD)는 단순히 배당수익률이 높은 종목을 쫓지 않는다. 10년 이상 배당을 꾸준히 늘려온 동시에 현금 흐름과 부채 비율이 건강한 '현금 창출의 귀재' 100개 기업만을 엄선해, 주가 상승과 배당 성장이라는 두 마리 토끼를 잡는 영리한 전략을 구사한다.

시간이 흐를수록 내가 받는 배당금이 최초 투자 원금 대비 수익률(Yield on Cost)을 압지르는 경험은 SCHD 투자자만이 누리는 짜릿한 실리다. 물가가 오르는 인플레이션 시대에도 기업의 이익 성장에 발맞춰 배당금이 함께 늘어나기에, 실질 자산 가치를 보전하는 데 이보다 강력한 수단은 없다.

미국 우량주들의 현금 보유량이 역대 최고치를 기록하면서 SCHD가 담은 기업들의 배당 지급 여력은 그 어느 때보다 단단하다. 기술주들이 배당 정책을 강화하며 이 바구니에 편입되는 비중이 늘어나고 있어, 안정성에 성장의 날개까지 단 모습이 뚜렷하다.

시장이 폭풍우처럼 흔들릴 때도 꼬박꼬박 유입되는 배당금은 하락장을 견뎌내는 가장 강력한 '정신적 완충장치'가 된다. 오히려 그 배당금으로 주식을 더 사는 재투자 전략은 하락장을 자산 증식의 골든타임으로 바꿔주는 복리의 가속 페달이 된다.

특히 퇴직연금 계좌에서 이 상품을 적립식으로 모아가는 것은 노후 준비의 정석 중의 정석으로 통한다. 당장의 화려한 수익률에 현혹되기보다, 시간이 지날수록 매달 내 통장에 찍히는 배당 숫자가 커지는 기쁨을 선택하는 것이 이기는 투자자의 자세다.

최근에는 'SCHD와 나스닥 100'을 적절히 섞어 성장의 탄력과 배당의 안정을 조화시키는 포트폴리오가 서학개미들의 표준으로 자리 잡았다. 이는 시장의 어떤 상황에서도 계좌가 멈추지 않고 전진하게 만드는 완벽한 상보적 관계를 형성한다.

배당은 기업이 주주에게 보내는 가장 정직한 러브레터이며, 꾸준히 늘어나는 배당은 그 사업 모델이 독점적이고 견고하다는 부인할 수 없는 증거다. 이름만 대면 아는 미국 배당 거인들의 이익을 당신의 자산으로 치환해 매일의 삶을 풍요롭게 가꿔라.

흔들리지 않는 나무는 매년 풍성한 열매를 맺으며, SCHD는 당신의 계좌에 심는 가장 튼튼한 열매 맺는 나무가 될 것이다. 시간이 당신의 편이 되는 경험, 자본이 스스로 자라나는 복리의 마법을 이 배당의 성채 안에서 시작해보라.

Schwab US Dividend Equity ETF (SCHD)

- 운용사: Charles Schwab Investment Management Inc
- 거래대금(2026년 1월 29일 기준): 6.73억 USD
- 1년 / 1개월 수익률(2026년 1월 29일 기준): 8.76% / 6.12%
- 구성종목 상위: BRISTOL-MYERS SQUIBB CO 4.25%, MERCK & CO INC 4.13%, CONOCOPHILLIPS 4.09%, LOCKHEED MARTIN CORP 4.06%, CHEVRON CORP 4.03%

ARKK:
파괴적 혁신과 미래 기술에 베팅

세상의 질서를 뒤바꿀 게임 체인저를
남보다 한발 앞서 소유해, 혁신의 폭발력을
내 계좌의 성장 동력으로 삼는 대담한 시도다.

ARK Innovation ETF(ARKK)는 당장의 실적보다 미래의 파괴적 잠재력을 가진 기업들에 집중하며, '인공지능, 유전자 편집, 차세대 인터넷' 등 5가지 혁신 분야에 올인한다. 전통적인 가치 평가로는 설명되지 않는 혁신 기업들의 꿈을 숫자로 바꾸는 캐시 우드의 전략은 시장의 거센 찬사와 비판을 동시에 받는 가장 뜨거운 감자다.

지루한 박스권을 탈출한 혁신주들이 로보틱스와 에너지 혁명을 기반으로 실질적인 매출 성장세를 보이며 제2의 도약기를 맞이하고 있다. AI가 스스로 의사결정하고 집행하는 에이전트형 AI 시스템이 기업 시스템과 완전 통합되면서, ARKK가 담은 유망주들의 기술력이 단순한 상상을 넘어 독점적 해자로 증명되는 변곡점에 서 있다.

하지만 이 상품은 변동성이라는 거친 파도를 견뎌낼 수 있는 투자자에게만 그 결실을 허락한다. 기술의 방향성이 조금만 틀어져도 자산 가치가 요동치기에, 포트폴리오의 전체가 아닌 '미래를 위한 도전적 지분'으로 접근하는 것이 실리적인 전술이다.

최근에는 테슬라를 필두로 한 자율주행 생태계가 물류 혁신을 일으키며 ARKK의 하이테크 기업들에 새로운 유동성이 공급되고 있다. 혁신은 선형적으로 일어나지 않고 어느 순간 기하급수적으로 폭발한다는 믿음을 가진 이들에게 이 바구니는 가장 매혹적인 기회의 땅이 된다.

시장이 전통 산업의 안정성에 안주할 때, 남들이 보지 못하는 미래의 10년 뒤를 미리 사는 감각은 자산의 체급을 바꾸는 결정적 계기가 된다. 실패의 리스크는 시스템적인 분산 투자로 상쇄하고, 성공의 과실은 혁신의 정점에서 수확하는 영리함이 필요하다.

특히 바이오 테크와 AI가 결합한 개인 맞춤형 정밀 의료 분야는 ARKK가 가장 공을 들이는 차세대 먹거리로 부상 중이다. 인류의 수명을 연장하고 삶의 질을 근본적으로 개선하는 이 거대한 변화의 물줄기에 자산을 싣는 것은 가장 숭고하면서도 수익성 높은 배팅이 될 것이다.

파괴적 혁신은 기존 질서를 무너뜨리는 고통을 수반하지만, 그 폐허 위에서 피어나는 수익은 그 무엇보다 달콤하다. 당신의 포트폴리오에 미래를 향한 창 하나를 내고 싶다면, 전 세계 혁신 기업들의 사령탑인 ARKK에 주목하라.

세상이 미쳤다고 말할 때가 가장 저렴하게 혁신을 살 기회였음을 역사는 증명해왔다. 기술이 지배하는 미래의 주인이 되고 싶다면, 지금 당장의 소음보다는 혁신이 만들어낼 거대한 파고에 몸을 맡기는 과감한 선택이 필요하다.

ARK Innovation ETF (ARKK)

- 운용사: ARK Investment Management LLC
- 거래대금(2026년 1월 29일 기준): 7.52억 USD
- 1년 / 1개월 수익률(2026년 1월 29일 기준): 27.63% / 0.40%
- 구성종목 상위: TESLA INC 11.60%, ROKU INC 5.84%, CRISPR THERAPEUTICS AG 5.44%, SHOPIFY INC 5.17%, COINBASE GLOBAL INC(TEXAS) 5.10%

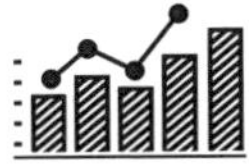

IWM:
씨앗들이 거목이 되는 걸 보다

대형주 잔치가 끝나고 경제의 실핏줄인 중소형주로
온기가 퍼질 때, 가장 탄력적으로 튀어 오르는
시장의 활기차고 날카로운 메신저를 주목하라.

iShares Russell 2000 ETF(IWM)은 미국 하위 2,000

개 기업에 투자하며 경제의 기저에서 일어나는 변화를 가장 민

감하게 포착한다. 대형주가 성숙한 시장의 안정성을 보여준다면,

중소형주는 경기 회복기에 보여주는 폭발적인 성장의 잠재력을

계좌에 불어넣는 엔진 역할을 수행한다.

미국 정부의 제조업 부흥 정책과 금리 안정화 기조가 맞물리며

소외되었던 중소형 제조 기업들의 이익이 사상 최고치를 경신중

이다. 자본 조달 비용에 민감했던 이들이 이자 부담을 덜고 공격적인 설비 투자에 나서면서, IWM은 시장의 새로운 주도주로 급부상하고 있다.

중소형주는 대형주보다 변동성이 크지만 그만큼 시장의 '바닥'을 확인하고 오를 때 보여주는 탄성은 타의 추종을 불허한다. 지수 전체를 담음으로써 개별 기업의 파산 리스크는 피하면서도, 내일의 애플이나 엔비디아가 될 유망주들을 미리 선점하는 실리를 챙길 수 있다.

최근에는 AI 기술이 로컬 비즈니스와 중소형 공장 시스템에 이식되면서 생산성 혁명이 경제 전반으로 확산되는 추세다. IWM은 이러한 기술 확산의 최대 수혜주들을 대거 포함하고 있어, 대형 테크주에 피로감을 느낀 자금들이 모여드는 안전한 피난처이자 기회의 땅이 된다.

특히 내수 경기에 민감한 중소형주들의 반등은 미국 경제가 건강한 순환 구조에 진입했다는 가장 명확한 증거로 읽힌다. 글로벌 불확실성 속에서도 미국 내수 시장의 탄탄한 기초 체력을 믿는다면, IWM은 포트폴리오의 수익률을 보강하는 훌륭한 조커가 될 것이다.

분산 투자의 관점에서도 중소형주 섹터는 대형주와는 다른 움직임을 보이기에 자산의 변동성을 줄여주는 상보적 효과가 있다.

거인들이 쉴 때 달리는 작은 거인들을 계좌에 배치함으로써, 어떤 시장 환경에서도 멈추지 않는 수익 구조를 완성하라.

성장의 씨앗은 언제나 작은 곳에서 잉태되며, IWM은 그 씨앗들이 거목으로 자라나는 과정을 함께하는 효율적인 통로다. 대형주의 그늘에 가려진 진주 같은 기업들이 빛을 발하는 순간, 당신의 계좌 역시 시장의 평균을 압도하는 성과를 거두게 될 것이다.

미국 경제의 역동성은 거대 기업이 아니라 도전을 멈추지 않는 수천 개의 중소기업에서 나온다는 사실을 잊지 마라. 이들의 열정과 성장에 동참하는 실리적인 선택이 당신의 자산을 더욱 입체적이고 단단하게 만들어줄 것이다.

iShares Russell 2000 ETF (IWM)

■ 운용사: BlackRock Fund Advisors
■ 거래대금(2026년 1월 29일 기준): 154억 USD
■ 1년 / 1개월 수익률(2026년 1월 29일 기준): 17.72% / 5.40%

SOXX:
AI 열풍의 엔진인 반도체에 집중

디지털 시대의 '쌀'이자 21세기의 '석유'인 반도체를
내 계좌에 이식해 혁신의 심장을 소유하자.
디지털 혁명의 물줄기를 여는 밸브는 반도체다.

iShares Semiconductor ETF(SOXX)는 설계부터 제조, 장비까지 전 세계 반도체 공급망을 지배하는 30개 종목에 집중적으로 투자한다. 인공지능, 5G, 자율주행 등 미래 기술이 구현되기 위해 반드시 거쳐야 하는 병목 구간을 선점해, '어떤 소프트웨어가 승리하든 결국 웃는 자는 나'라는 확신을 제공한다.

반도체 산업은 인공지능이 모든 기기에 탑재되는 '온디바이스 AI'의 폭발로 제2의 대호황기를 맞이하고 있다. 특히 엔비디아의

루빈(Rubin) 아키텍처와 삼성·하이닉스의 HBM4(6세대) 공급 체계가 맞물리며 반도체 지수의 이익 체력을 폭발시키고 있으며, 이는 데이터 센터를 넘어 온디바이스 AI 전 영역으로 확산 중이다.

개별 반도체주는 기술 변화의 속도가 빨라 변동성이 극심하지만, SOXX라는 지수로 담으면 특정 기업의 리스크를 효과적으로 상쇄하면서도 업황 전체의 우상향을 온전히 향유할 수 있다. 기술의 독점력을 가진 '슈퍼 을' 기업들이 쏟아내는 부가가치를 가장 실리적으로 수확하는 방법이다.

최근에는 미국 정부의 반도체 보조금 정책이 실제 공장 가동과 양산으로 이어지며, '반도체 패권의 본국 귀환'이라는 거대한 정치·경제적 흐름이 숫자로 증명되고 있다. 이는 단순한 유행이 아니라 국가의 사활이 걸린 안보 이슈와 결합해 반도체 지수의 장기적 하방을 지지하는 강력한 해자가 된다.

반도체가 없으면 스마트폰도, 자동차도, 가전제품도 작동하지 않는 세상이다. 인류가 기술 문명을 포기하지 않는 한 반도체의 수요는 기하급수적으로 늘어날 수밖에 없으며, SOXX는 그 성장의 결실을 가장 정면에서 받아내는 가장 날카로운 도구다.

단기적인 수급 불안으로 인한 조정은 오히려 이 핵심 자산을 싸게 모을 기회가 된다. 고도의 기술 장벽으로 보호받는 반도체 기업들의 영업이익률은 여타 산업이 흉내 낼 수 없는 수준이며,

이는 주주 환원과 주가 상승의 든든한 밑거름이 된다.

디지털 혁명의 물줄기를 따라 자산을 불리고 싶다면, 그 물길을 여는 밸브인 반도체를 손에 쥐어야 한다. 전 세계가 반도체 기업들의 입만 바라보는 지금, 당신은 그들의 주주로서 미래를 설계하는 가장 확실한 권리를 행사하게 될 것이다.

지능화된 기계들이 세상을 뒤덮을 미래를 상상해보라. 그 기계들의 뇌를 만드는 기업들이 당신의 자산을 지탱해줄 때, 당신의 투자는 시대를 앞서가는 가장 선견지명 있는 행동으로 기록될 것이다.

---

iShares Semiconductor ETF (SOXX)

- 운용사: BlackRock Fund Advisors
- 거래대금(2026년 1월 29일 기준): 30.6억 USD
- 1년 / 1개월 수익률(2026년 1월 29일 기준): 69.33% / 18.11%
- 구성종목 상위: NVIDIA CORP 8.26%, ADVANCED MICRO DEVICES INC 7.72%, MICRON TECHNOLOGY INC 6.97%, BROADCOM INC 6.74%, APPLIED MATERIALS INC 5.88%

QYLD:
초고배당으로 즐기는 나스닥 변동성

나스닥의 역동적인 움직임을 매달 꼬박꼬박 꽂히는
현금 흐름으로 치환해, 하락장에서도 웃을 수 있는
우아하고 실리적인 인컴 시스템을 구축하라.

Global X NASDAQ 100 Covered Call ETF(QYLD)
는 나스닥 100 주식을 보유하는 동시에 콜옵션을 매도하는 '커
버드콜' 전략을 통해 시장의 변동성을 배당 재원으로 바꾼다. 주
가 상승의 상단은 제한되지만, 매달 지급되는 연 10% 안팎의 높
은 분배금은 은퇴자나 현금 흐름을 중시하는 투자자에게 가뭄의
단비 같은 존재다.

최근 미국 시장의 불확실성이 지속되며 횡보 국면이 길어지자

시세 차익보다 확실한 현금을 챙기려는 자금들이 QYLD로 대거 유입되고 있다. 주가가 제자리걸음만 해도 옵션 프리미엄을 통해 수익을 창출하는 이 구조는, 지루한 시장을 견뎌내게 하는 가장 강력한 정신적 보상이 된다.

물론 나스닥이 폭등하는 불장에서는 지수 상승분을 온전히 따라가지 못한다는 단점이 명확하다. 하지만 자산의 일부를 QYLD에 배치함으로써 시장 하락 시의 충격을 완화하고, 매달 들어오는 현금으로 다시 저평가된 주식을 매수하는 '스마트 리밸런싱'의 원천으로 활용할 수 있다.

최근에는 월배당금을 활용해 생활비나 대출 이자를 충당하는 '현금 흐름 중심 투자'가 서학개미들 사이에서 새로운 문화로 안착했다. 투자를 먼 미래의 꿈이 아닌 당장의 생활을 보조하는 현실적인 도구로 변모시켰다는 점에서 QYLD의 공로는 지대하다.

변동성은 더 이상 두려움의 대상이 아니라 수익의 원천이다. 시장이 요동칠수록 옵션 가격은 비싸지고, 이는 투자자에게 더 높은 배당으로 돌아온다는 역설적인 진리를 깨닫는 순간 투자의 시야는 한층 넓어지게 된다.

다만 주가 자체가 하락하는 구간에서는 원금 손실이 발생할 수 있으므로, 무조건적인 고배당에 취하기보다 전체 포트폴리오의 방어적 성격으로 활용하는 절제가 필요하다. 성장은 QQQ로, 현금은 QYLD로 챙기는 상보적 전술이 당신의 계좌를 무적으로 만든다.

매달 통장에 찍히는 배당 숫자는 투자의 지루함을 확신으로 바꿔주는 가장 명확한 증거다. 시장의 폭풍우 속에서도 잊지 않고 찾아오는 배당금의 위로를 받으며, 장기 투자의 마라톤을 가장 우아하게 완주하라.

자본이 스스로 일하게 해 매달 월급을 주는 시스템을 구축하는 것, 그것이 바로 경제적 자유의 본질이다. QYLD가 제공하는 현금 흐름의 마법을 통해 당신의 삶에 여유와 안정을 더하고 미래를 향한 투자를 지속하라.

Global X NASDAQ 100 Covered Call ETF (QYLD)

- 운용사: Global X Management Co LLC
- 거래대금(2026년 1월 29일 기준): 1.73억 USD
- 1년 / 1개월 수익률(2026년 1월 29일 기준): 9.29% / 1.71%
- 구성종목 상위: NVIDIA CORP 9.17%, APPLE INC 8.13%, MICROSOFT CORP 7.28%, AMAZON.COM INC 5.00%, TESLA INC 4.03%

TLT:
금리 인하 시기의 공격적 채권 전략

안전 자산의 대명사인 미국 국채에 '시간의 힘'을 더해,
금리 하락 국면에서 주식 못지않은 큰 수익을 낚아채는
가장 지능적인 전술을 구사하라.

iShares 20+ Year Treasury Bond ETF(TLT)는 잔존 만기 20년 이상의 미국 장기 국채에 투자하며 금리 변동에 가장 민감하게 반응하도록 설계되었다. 금리가 1% 떨어질 때 채권 가격은 듀레이션(가중평균 만기)만큼 가파르게 치솟기에, 경기 둔화나 금리 인하 신호가 포착될 때 가장 먼저 담아야 할 전략 자산이다.

2026년 들어 인플레이션이 잡히고 연준의 본격적인 금리 인하 사이클이 시작되면서 그간 눌려있던 TLT의 가격 탄력성이 분출되기 시작했다. 시장이 침체로 향할수록 안전 자산인 국채로 돈이 쏠리는 '안전자산 선호 현상'은 채권 가격을 더 끌어올리는 강력한 호재로 작용한다.

채권은 지루하다는 편견을 버려야 한다. 장기 국채는 위기 상황에서 주식과 반대로 움직이며 계좌의 폭락을 막아주는 동시에, 금리 하락기에는 레버리지에 가까운 수익률을 선사하는 반전의 매력을 지녔다. 주식 일변도의 포트폴리오를 보호하고 수익의 균형을 맞춘다.

최근에는 달러 강세 기조 속에서 달러 표시 자산인 미국 국채를 보유함으로써, 환차익과 채권 가격 상승이라는 두 마리 토끼를 잡으려는 스마트 투자자들이 늘고 있다. 전 세계에서 가장 안전한 국가인 미국의 신용에 내 자산을 맡기는 것은 그 자체로 가장 든든한 보험이다.

보유하는 동안 지급되는 안정적인 이자 수익(쿠폰 배당)은 보너스와 같다. 가격 상승을 기다리는 지루한 시간 동안에도 꼬박꼬박 유입되는 이자는 투자의 호흡을 길게 가져가게 돕는 훌륭한 자양분이 된다.

하지만 금리가 오르는 구간에서는 하락 폭 역시 가파를 수 있으므로, 거시 경제 지표와 연준의 입에 주목하는 면밀함이 필요하다. 채권 투자는 '예측'이 아니라 '대응'이며, 금리의 정점을 포착해 장기 채권을 매집하는 결단이 평생의 수익률을 좌우한다.

경제의 사계절 중 '겨울'이 다가올 때 채권은 가장 화려한 꽃을 피운다. 시장에 공포의 그림자가 드리울 때 남들이 도망치는 통로에서 홀로 채권을 줍는 여유를 가질 때, 당신은 진정한 자산 배분의 고수로 거듭나게 될 것이다.

가장 안전한 자산으로 가장 공격적인 수익을 내는 역설의 묘미를 즐겨라. 미국 국채라는 견고한 성채 안에서 시장의 비바람을 피하고, 금리 하락이 가져다줄 거대한 보상을 차분히 기다리는 주인공이 되어라.

iShares 20+ Year Treasury Bond ETF (TLT)

- 운용사: BlackRock Fund Advisors
- 거래대금(2026년 1월 29일 기준): 40억 USD
- 1년 / 1개월 수익률(2026년 1월 29일 기준): 3.99% / -0.47%

LQD:
우량 기업의 이자를 내 계좌로

정부보다 더 튼튼한 현금 흐름을 가진
글로벌 초우량 기업들에게 돈을 빌려주고,
그 대가로 안정적인 고이익을 챙기는 실리 투자다.

iShares iBoxx $ Inv Grade Corporate Bond
ETF(LQD)는 마이크로소프트, JP모건 등 투자적격 등급을 받은 우량 기업들의 회사채에 투자한다. 국채보다 높은 이자 수익을 제공하면서도 부도 위험은 극히 낮아, 안정성과 수익성 사이의 '황금 비율'을 찾는 투자자들에게 최적의 안식처가 된다.

고금리 상황을 견뎌낸 우량 기업들이 기록적인 영업이익을 바탕으로 재무 구조를 개선하면서 회사채 시장의 신뢰도는 어느 때보다 높다. 특히 이들 기업이 발행한 채권은 주식 시장의 변동성에 지친 자금들이 모여드는 거대한 저수지 역할을 하며 가격 방어력을 입증하고 있다.

LQD의 매력은 정기적이고 안정적인 분배금에 있다. 매달 통장에 꽂히는 회사채 이자는 생활비의 일부가 되거나 다시 우량주를 사는 재투자 재원이 되어, 자산이 스스로 증식하는 '돈나무' 시스템의 핵심 부품이 된다.

주식은 기업의 주인이 되는 것이지만 채권은 기업의 채권자가 되는 것이다. 기업이 망하지 않는 한 약속된 이자를 먼저 받을 권리가 있기에, 시장이 흔들려 주가가 곤두박질칠 때도 채권 투자자는 비교적 평온한 마음으로 계좌를 지킬 수 있다.

최근에는 경기 연착륙 기대감이 커지며 기업들의 부도 위험(크레디트 리스크)이 낮아지자, 국채보다 높은 금리를 주는 회사채로의 자본 이동이 가속화되고 있다. LQD는 이러한 회사채 시장의 핵심 종목들을 한데 모아 거래 편의성과 분산 투자 효과를 동시에 제공한다.

단순히 은행 예금에 묵혀두기엔 아깝고 주식의 변동성은 무서운 이들에게 회사채 ETF는 가장 훌륭한 중도(中道)의 해법이다. 전 세계를 지배하는 기업들이 당신에게 이자를 주기 위해 일하고 있다는 사실은 그 자체로 짜릿한 투자 경험이 된다.

자산 배분의 완성은 주식과 채권의 적절한 조화에 있으며, LQD는 그 사이를 잇는 가장 단단한 연결고리다. 우량 기업들의 신용을 담보로 내 자산의 기초 체력을 강화하고, 흔들림 없는 현금 흐름의 가치를 직접 체험해보라.

시장은 늘 소란스럽지만 우량 기업의 이자는 조용히 당신의 부를 불려준다. 세계 최강 기업들의 신용에 내 자산을 의지하고, 그들이 일궈낸 성과의 일부를 이자라는 이름으로 당당히 요구하라.

iShares iBoxx $ Inv Grade Corporate Bond ETF (LQD)

- 운용사: BlackRock Fund Advisors
- 거래대금(2026년 1월 29일 기준): 43.8억 USD
- 1년 / 1개월 수익률(2026년 1월 29일 기준): 7.68% / -0.08%

미국과 한국을 넘어 신흥국의 역동성과 원자재의 실물 가치로 시야를 넓히는 것은 포트폴리오의 생존력을 높이는 필수 전략이다. 신흥국 지수나 원자재 ETF는 현지 시차와 휴장일 차이로 인해 국내 장중 가격과 실제 가치 사이에 일시적 괴리가 발생할 수 있음을 인지해야 한다. 원자재 선물 투자의 경우 만기 교체 과정에서 발생하는 롤오버 비용이 수익률에 영향을 미치는 시스템적 특성을 숙지하는 것이 중요하다. 이 장의 목적은 전 세계 부의 지도가 새롭게 그려지는 지점에 내 자산을 정교하게 배치하는 데 있다.

3장

기회의 영토를 넓히다:
글로벌 신흥국과 원자재

IEFA:
미국 밖 선진국 강자들로 넓히는 영토

미국이라는 울타리를 넘어 유럽과 일본 등
검증된 선진국 기업들로 자산의 영토를 확장하는
세련된 글로벌 자산 배분의 묘미를 즐겨라.

iShares Core MSCI EAFE ETF(IEFA)는 미국과 캐나다를 제외한 전 세계 선진 시장의 우량주들을 담아, 특정 국가에 쏠린 리스크를 분산하고 글로벌 성장의 균형을 맞춘다. 네슬레, ASML, 도요타처럼 각 분야에서 독점적 지위를 가진 글로벌 챔피언들을 단 한 주로 소유하는 합리적인 선택이다.

엔저 효과를 톡톡히 본 일본 기업들과 에너지 위기를 극복하고 재도약하는 유럽 제조 강국들이 지수의 수익률을 강력하게 견인하고 있다. 특히 미국의 밸류에이션 부담이 가중되는 시점에서 상대적으로 저평가된 선진국 우량주들은 스마트 머니가 모여드는 매력적인 대안처로 기능한다.

글로벌 분산 투자는 단순히 위험을 피하는 것이 아니라, 세계 곳곳에서 일어나는 혁신의 결실을 놓치지 않으려는 적극적인 수익 추구 행위다. 미국의 기술주가 조정을 받을 때 유럽의 헬스케어나 일본의 로보틱스 섹터가 계좌를 지탱해주는 안정적인 순환 구조를 완성할 수 있다.

최근에는 글로벌 공급망의 다변화로 인해 유럽과 아시아 선진국들의 전략적 가치가 재조명받으며 기업들의 현금 흐름이 크게 개선되고 있다. IEFA는 이러한 글로벌 자본 이동의 흐름을 가장 낮은 보수와 높은 효율로 추종하며 투자자의 실리를 극대화하는 상품이다.

운용 보수 또한 뱅가드와 아이셰어즈의 치열한 경쟁 덕분에 역대 최저 수준으로 유지되고 있어, 전 세계 자본주의에 장기 투자하려는 이들에게 최적의 환경을 제공한다. 단 0.01%의 비용까지 아끼려는 철저함이 글로벌 투자의 성패를 가르는 기준이 된다.

선진국 강자들은 수백 년의 역사를 통해 다져진 브랜드 파워와 독보적인 원천 기술을 보유하고 있어 경기 하락기에도 강력한 복원력을 보여준다. 이들의 안정적인 배당 수익과 자본 성장을 동시에 향유하는 것은 자산의 품격을 높이는 고수의 자산 관리법이다.

세계 시장은 미국 하나로만 설명되지 않으며, 인류의 풍요를 만드는 주역들은 지구촌 곳곳에 포진해 있다. IEFA를 통해 당신의 포트폴리오에 글로벌 감각을 입히고, 전 세계 선진 자본주의의 결실을 가장 투명하게 내 것으로 만들어라.

한 국가의 흥망성쇠에 자산 전체를 맡기는 도박 대신, 검증된 국가들로 구성된 승리자들의 연합군에 합류하라. 지리적 한계를 넘어선 투자의 지평이 열릴 때, 당신의 노후는 전 세계의 성장을 자양분 삼아 가장 평온하게 영글어갈 것이다.

iShares Core MSCI EAFE ETF (IEFA)

- 운용사: BlackRock Fund Advisors
- 거래대금(2026년 1월 29일 기준): 21.9억 USD
- 1년 / 1개월 수익률(2026년 1월 29일 기준): 33.53% / 5.46%

EEM:
신흥국 시장의 역동성을 내 계좌로

정체된 성장을 뚫고 솟아오르는 신흥국들의
폭발적 에너지를 포착해, 자산 증식의 가속 페달을 밟는
역동적이고 전략적인 안목을 포트폴리오에 담아라.

iShares MSCI Emerging Markets ETF(EEM)은 중국, 인도, 한국, 대만 등 전 세계 성장의 엔진 역할을 하는 국가들에 투자하며 높은 변동성 뒤에 숨겨진 기록적인 수익 기회를 제공한다. 젊은 인구 구조와 가파른 산업화 속도를 가진 이 국가들은 선진국에서 볼 수 없는 드라마틱한 도약의 서사를 보여준다.

공급망 재편의 최대 수혜국인 인도와 베트남의 인프라 투자가 결실을 보며 신흥국 지수의 하단을 강력하게 끌어올리고 있다.

여기에 AI 반도체의 핵심 기지인 한국과 대만의 제조 경쟁력이 더해지며, 과거 '저평가'의 대명사였던 신흥 시장은 이제 '필수 투자처'로 환골탈태했다.

물론 신흥국 투자는 환율 변동과 지정학적 리스크라는 불확실성을 수반하지만, 지수 전체를 담음으로써 특정 국가의 위기가 전체 자산을 무너뜨리는 것을 효과적으로 방어한다. 하락장에서는 고통스럽지만 상승장에서는 무서운 속도로 치고 나가는 신흥국의 탄성은 포트폴리오의 수익률을 보강하는 강력한 무기다.

최근에는 신흥국 내부의 중산층이 폭발적으로 늘어나면서 수출 중심의 경제 구조가 내수 소비 중심으로 진화하는 질적 변화가 뚜렷하다. 이는 글로벌 경기 침체 시에도 신흥국 스스로 자생할 수 있는 기초 체력을 갖추게 되었음을 의미하며, 투자자에게는 새로운 안전판을 제공한다.

무엇보다 저렴한 밸류에이션은 신흥국 투자의 가장 큰 매력이다. 선진국 시장이 과열을 우려할 때, 여전히 매력적인 가격대에 머물러 있는 이 국가들의 주식은 장기적으로 거대한 시세 차익을 노리는 실리 투자자들의 바구니를 채운다.

혁신은 결핍에서 나오고 성장은 갈구하는 자의 몫이다. 전 세계에서 성장에 굶주린 기업들과 국가에 자본을 투입하는 것은 인류 경제의 가장 역동적인 페이지에 이름을 올리는 일과 같다.

변동성을 두려워하기보다 수익의 기회로 치환하는 안목을 가
져라. 신흥국 시장이 보내는 성장의 신호를 계좌에 담을 때, 당신
의 자산은 전 세계 자본주의의 확장 경로를 따라 가파르게 불어
날 것이다.

성장의 중심축이 서구권에서 아시아와 신흥국으로 이동하는
거대한 패러다임 시프트를 직시하라. 그 변화의 파고 위에서 수
익의 서핑을 즐기는 대담함이 당신을 평범한 투자자에서 깨어있
는 자산가로 변모시킬 것이다.

iShares MSCI Emerging Markets ETF (EEM)

- 운용사: BlackRock Fund Advisors
- 거래대금(2026년 1월 29일 기준): 43.8억 USD
- 1년 / 1개월 수익률(2026년 1월 29일 기준): 45.60% / 10.99%

TIGER 인도니프티50:
'포스트 차이나' 인도에 투자한다

인구 보너스와 글로벌 공급망 재편의 최대 수혜국인
인도의 가파른 성장에 올라탐으로써,
정석적이고 확실한 미래 지도를 내 손에 쥐어라.

인도는 이제 '포스트 차이나'를 넘어 독자적인 거대 시장으로 탈바꿈하고 있다. TIGER 인도니프티50은 인도 증시의 상위 50개 우량 기업을 소유함으로써, 젊은 인구 구조가 만들어내는 가파른 내수 성장과 인프라 혁신의 결실을 내 계좌로 옮겨온다.

모디 정부의 제조업 육성 정책인 '메이크 인 인디아(Make in India) 2.0'이 본궤도에 오르며 글로벌 기업들의 공장이 인도로 쏟아져 들어오고 있다. 이는 단순한 기대를 넘어 실제 고용과 소비로 이어지며 인도 상장사들의 이익 체력을 역대 최고치로 끌어올리는 중이다.

인구의 60% 이상이 35세 미만인 젊은 인도는 전 세계에서 가장 강력한 소비 엔진을 가졌다. 디지털 전환이 빛의 속도로 이뤄지면서 금융, 통신, 소비재 섹터가 주도하는 니프티50 지수는 선진국에서 볼 수 없는 드라마틱한 우상향 곡선을 그린다.

공급망 다변화를 노리는 미국과 유럽 자본이 중국을 대신해 인도로 대거 유입되고 있다는 점에 주목해야 한다. 외국인 투자자들에게 '안전한 대안'으로 낙점받은 인도 증시는 풍부한 유동성을 바탕으로 변동성을 수익으로 승화시키는 저력을 보여준다.

인도의 경제 규모가 조만간 세계 3위에 올라설 것이라는 전망은 투자의 당위성을 더한다. 국가의 체급이 커지는 시기에 지수 전체를 사는 전략은, 개별 기업의 불투명성을 시스템적으로 극복하고 국가 성장의 평균치를 온전히 내 것으로 가져오는 실리적인 전술이다.

최근에는 인도 내 중산층의 폭발로 자동차와 헬스케어 산업이 지수의 새로운 동력으로 부상하고 있다. 도시화가 가속화될수록 이들 50개 거인이 누리는 시장 지배력은 더욱 견고해질 것이며, 이는 투자자에게 흔들리지 않는 성장의 과실을 약속한다.

다만 높은 밸류에이션이 부담스러울 수 있으나, 성장의 속도가 가격의 정당성을 부여하는 구간임을 잊지 마라. 조정이 올 때마다 인도의 미래 지분을 늘려가는 적립식 접근은 10년 뒤 당신의 계좌를 화려하게 꽃피울 비결이 될 것이다.

지구상에 남은 마지막 거대 성장 엔진에 내 자산을 연결하는 일은 가장 가슴 벅찬 투자의 여정이다. 시스템이 선별한 인도의 50개 정예군단과 동행하며, 전 세계 자본이 왜 인도에 열광하는지 그 이유를 숫자로 직접 확인해보라.

혁신은 결핍에서 나오고 성장은 갈구하는 자의 몫이다. 세계 경제의 새로운 주인공으로 등극하는 인도의 역동성을 내 계좌의 성장 동력으로 삼아 멈추지 않는 부의 도약을 경험하라.

TIGER 인도니프티50

■ 운용사: 미래에셋자산운용
■ 시가총액: 4,157억 원
■ 1년 / 1개월 수익률(2026년 1월 30일 기준): +0.99% / -5.88%

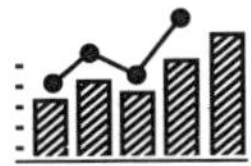

TIGER 일본니케이225:
엔저 현상 속 기회를 찾는 일본 투자

**'잃어버린 30년'을 끝내고 다시 뛰는 일본,
엔저라는 강력한 무기를 장착한
수출 거인들의 귀환에 과감히 배팅하라.**

일본 증시는 더 이상 정체된 시장이 아니다. 기업 거버넌스 개혁과 엔저 효과를 등에 업은 일본 대표 기업들은 역대급 실적을 쏟아내고 있으며, TIGER 일본니케이225는 이러한 일본 경제의 부활을 가장 선명하게 반영하는 지수다.

일본은 반도체와 로보틱스 공급망의 핵심 기지로 재평가받으며 글로벌 자금이 가장 먼저 노크하는 시장이 되었다. 특히 '엔저'는 일본 제조업의 가격 경쟁력을 극대화하며 도요타와 소니 같은 글로벌 강자들의 현금 보유고를 사상 최대치로 불리고 있다.

일본 정부가 추진하는 주주 환원 강화 정책은 배당 증액과 자사주 매입이라는 투자자의 실리로 직결된다. 지루한 저성장의 상징이었던 일본 기업들이 '효율성'과 '수익성'이라는 칼날을 갈아 시장의 가치 재평가(Rerating)를 이끌어내는 중이다.

워런 버핏을 포함한 글로벌 큰손들이 일본 종합상사와 제조사들에 집중 투자하는 이유를 직시해야 한다. 탄탄한 기술력과 글로벌 네트워크를 가진 일본 기업들이 엔저를 지렛대 삼아 해외 시장을 잠식해 나가는 모습은 투자의 강력한 근거가 된다.

최근에는 일본 내에서도 'NISA(소액투자비과세제도)' 확대로 가계 자금이 주식 시장으로 흘러 들어오며 수급의 하단이 매우 견고해졌다. 외부의 유동성과 내부의 적립식 자금이 만나 지수를 밀어 올리는 강력한 수급의 선순환 구조가 완성된 상태다.

특히 관광 산업의 폭발적 복구와 내수 경기의 완만한 회복은 지수 내 유통과 서비스 섹터에 활력을 불어넣고 있다. 수출과 내수라는 두 개의 엔진이 동시에 가동되는 일본 시장은 변동성 장세에서 의외의 방어력과 탄력을 동시에 보여준다.

환율 변동이 리스크가 될 수 있지만, 엔화 가치가 바닥을 다지고 반등할 때 얻을 수 있는 '환차익'은 일본 투자가 선사하는 또 다른 보너스다. 주가 상승의 기쁨과 화폐 가치 상승의 결실을 동시에 노리는 전략적 배치가 가능하다.

　미국 기술주에 피로감을 느낀 자산가들에게 일본은 가장 매력적인 '안전한 대안'으로 안착했다. 수십 년의 불황을 견뎌내고 체질 개선에 성공한 225개 일본 정예 기업들의 저력은 이제 막 불붙기 시작한 성장의 서막일 뿐이다.

TIGER 일본니케이225

■ 운용사: 미래에셋자산운용
■ 시가총액: 3,798억 원
■ 1년 / 1개월 수익률(2026년 1월 30일 기준): +37.86% / +7.37%

ACE 베트남VN30(합성):
신흥국 투자의 묘미를 만끽하다

**글로벌 제조 기지의 허브로 급부상한 베트남,
그 성장의 알맹이인 상위 30개 종목에 집중하는
혜안 가득한 선취매의 기술을 발휘하라.**

베트남은 중국을 대체할 '세계의 공장'으로 확고히 자리 잡았다. ACE 베트남VN30은 호찌민 거래소의 상위 30개 우량주를 통해 베트남의 산업화와 도시화 과정에서 발생하는 막대한 부가가치를 계좌에 담는 ETF다.

베트남은 첨단 IT 제조와 에너지 전환의 거점으로 격상되며 외국인 직접투자(FDI)가 연일 최고치를 갈아치우고 있다. 삼성전자와 인텔 등 글로벌 거물들이 베트남 비중을 늘리는 현상은, VN30

기업들이 누릴 거대한 낙수 효과를 예고하는 강력한 팩트다.

베트남 투자의 핵심은 1억 명에 달하는 인구가 만들어내는 폭발적인 소비의 잠재력이다. 젊은 층의 소득 수준이 가파르게 오르며 금융과 부동산, 필수 소비재 섹터가 주도하는 지수의 성장은 신흥국 투자의 진수를 보여준다.

신흥국 특유의 높은 변동성은 존재하지만, 지수 전체를 담음으로써 개별 종목의 정보 비대칭 리스크를 효과적으로 차단한다. FTSE 신흥국 지수 편입이 가시화되며 글로벌 패시브 자금이 유입되는 단계에 있기에, 성숙한 시장에서 볼 수 없는 폭발적인 시세 차익의 기회가 도처에 깔려 있다.

최근 베트남 정부의 증시 현대화 노력과 외국인 투자 제한 완화는 글로벌 자금 유입의 가속 페달이 되고 있다. 시스템이 선진화될수록 지수의 밸류에이션은 정당화될 것이며, 이는 선취매에 나선 투자자들에게 거대한 보상으로 돌아올 것이다.

특히 인프라 구축에 사활을 건 정부 정책은 건설과 소재 기업들에게 장기 호황의 발판을 마련해주었다. 도시 곳곳에 들어서는 고층 빌딩과 항만, 도로는 베트남 경제의 혈관이며 그 혈관을 흐르는 돈줄을 VN30 지수가 쥐고 있다.

합성형 ETF로서 실물 매수의 번거로움을 덜고 지수 수익률을 정교하게 추종한다는 점도 실리적이다. 복잡한 베트남 현지 계좌

개설 없이도 우리 시장에서 간편하게 '떠오르는 용'의 등에 올라타는 영리함을 발휘할 수 있다.

신흥국 투자는 인내의 대가가 가장 큰 영역이다. 베트남 경제가 성숙기에 접어들기 전, 그 성장의 초입에서 지분을 확보하는 것은 자산의 체급을 바꿀 수 있는 몇 안 되는 기회 중 하나다.

미래의 주인공을 미리 알아보는 선구안이 당신의 계좌를 특별하게 만든다. 역동적으로 꿈틀거리는 베트남의 에너지를 계좌에 이식하고, 신흥국 시장이 선사하는 가파른 우상향의 쾌감을 온전히 즐겨보라.

ACE 베트남VN30(합성)

- 운용사: 한국투신운용
- 시가총액: 3,253억 원
- 1년 / 1개월 수익률(2026년 1월 30일 기준): +42.51% / +1.38%

KODEX 골드선물(H):
불확실성 시대의 영원한 안전 자산

**종이 화폐의 가치가 흔들릴 때 최후까지
믿을 수 있는 단 하나의 실물인 황금의 가치를
내 계좌에 담아 확실한 보험을 설계하라.**

금은 수천 년간 인류가 신뢰해온 유일한 '진짜 돈'이다. KODEX 골드선물(H)은 화폐 가치 하락과 지정학적 위기 속에서 내 자산을 지켜주는 든든한 보험이자, 포트폴리오의 변동성을 낮춰주는 핵심적인 안전판 역할을 수행한다.

각국 중앙은행들이 달러 의존도를 낮추기 위해 금 매입을 사상 최대 규모로 지속하면서 금값의 하방 경직성은 그 어느 때보다 단단해졌다. 시장이 불안할수록 빛을 발하는 금의 특성은 혼돈의 시대에 투자자가 가져야 할 필수적인 덕목이다.

인플레이션이 발생하면 돈의 가치는 떨어지지만 금의 가치는 보존되거나 오히려 치솟는다. 주식이나 채권 같은 종이 자산이 일제히 무너지는 '블랙 스완' 상황에서도 금은 홀로 제 가치를 증명하며 당신의 계좌가 파산하는 것을 막아준다.

이 상품은 환헤지(H)를 통해 원·달러 환율 변동의 노이즈를 제거하고 오직 국제 금 시세의 움직임에만 수익률을 고정한다. 달러 가치의 변화와 상관없이 금 그 자체의 가치 상승분을 온전히 누리려는 실리 투자자에게 최적의 답안지다.

선물 기반 ETF이므로 보관의 번거로움이나 분실의 위험 없이 스마트폰 터치 몇 번으로 황금을 소유하는 혁신적인 편리함을 제공한다. 실물 금은 매수와 매도 시의 수수료 차이가 크지만, ETF는 주식처럼 낮은 비용으로 기민하게 거래할 수 있다는 점이 큰 매력이다.

최근에는 디지털 자산의 부상에도 불구하고 금의 '실물적 가치'를 대체할 수 없다는 인식이 확산되며 전통 자산가들의 귀환이 이어지고 있다. 눈에 보이지 않는 숫자에 지칠 때, 인류가 증명해온 변하지 않는 가치에 자산의 일부를 의지하는 것은 본능적이고 영리한 선택이다.

금 투자는 대박을 노리는 수단이 아니라 내 자산의 '평균 점수'

를 높여주는 수단임을 잊지 마라. 주식 비중이 높은 투자자일수록 금을 적절히 섞어주는 자산 배분 전략은 하락장에서도 평정심을 유지하게 돕는 강력한 무기가 된다.

시장은 늘 소란스럽고 경제 지표는 믿기 힘들 때가 많다. 하지만 황금의 찬란한 빛은 역사 속에서 단 한 번도 배신한 적이 없음을 기억하라. 불확실한 미래를 대비하는 가장 클래식하면서도 확실한 준비는 바로 금을 소유하는 것이다.

자산의 10%를 금으로 채우는 것만으로도 투자의 호흡은 훨씬 길고 평온해질 수 있다. 변동성의 바다에서 길을 잃지 않도록 황금이라는 단단한 닻을 내리고, 흔들림 없는 자산 성장의 기틀을 마련하라.

KODEX 골드선물(H)

- 운용사: 삼성자산운용
- 시가총액: 5,046억 원
- 1년 / 1개월 수익률(2026년 1월 30일 기준): +91.72% / +23.77%

KODEX 은선물(H) :
금보다 화끈한 실물 자산의 주인공

금의 안전함과 구리의 역동성을
동시에 가진 '백색 황금' 은에 주목해야 한다,
인공지능과 태양광 시대의 핵심 연료를 선점하라.

은은 전통적인 안전 자산의 지위를 유지하면서도 첨단 산업에서 대체 불가능한 핵심 소재로 그 가치가 격상되었다. KODEX 은선물(H)은 국제 은 시세를 정교하게 추종하며, 금보다 높은 변동성을 수익의 지렛대로 삼으려는 공격적인 원자재 투자자들에게 최고의 무기가 된다.

최근 은은 AI 서버용 초고속 전도체와 태양광 패널의 수요 폭발로 인해 투자자들의 관심을 모으고 있다. 특히 2026년 1월 한

달간 50.5%라는 경이로운 수익률을 기록하며, 인플레이션 헤지를 넘어 자산 증식의 강력한 엔진임을 숫자로 증명했다.

은 시장은 금 시장보다 규모가 작아 글로벌 유동성이 조금만 유입되어도 주가 탄력이 무섭게 튀어 오르는 특성이 있다. 2026년 1월의 폭등은 단순한 투기 자금이 아니라, 데이터센터의 전력 소실을 극도로 줄이기 위해 저항이 가장 낮은 은 배선망을 대거 채택하기 시작한 빅테크 기업들의 '실체 있는 수요'가 만든 결과다.

최근에는 차세대 태양광 셀(TopCon) 제조 시 기존보다 30% 이상 많은 은이 소요된다는 점이 밝혀지며 공급 부족 우려가 가격을 더욱 자극하고 있다. 디지털 전환이 가속화될수록 전기 전도성이 금속 중 가장 뛰어난 은의 수요는 산술적으로 늘어날 수밖에 없으며, 이는 공급이 제한된 실물 자산 시장에서 가격의 하단을 지지하는 강력한 해자가 된다.

반도체 패키징 공정에서 나노 실버 입자가 방열 소재로 급부상하며 은은 이제 귀금속이 아닌 '하이테크 산업재'로 완전히 재정의되었다. 구리(Doctor Copper)가 경기를 진단한다면, 은은 미래 기술의 전도성을 책임지는 '혈액'과 같아 기술 혁신의 과실을 원자재로 수확하려는 이들에게 최적의 선택지다.

특히 글로벌 광산들의 생산량이 수요 증가 속도를 따라가지 못하는 '구조적 공급 부족'이 최근 더욱 심화되고 있다는 점에 주목해야 한다. 금이 계좌를 지키는 방패라면, 은은 전 세계적인 공급 절벽이라는 파고를 타고 시장을 뚫고 나가는 날카로운 창이라고 보면 된다.

은은 더 이상 금의 조연이 아니라, 전기화(Electrification) 시대를 이끄는 가장 화끈한 주연이다. AI 서버의 전력 효율을 결정짓는 배선망부터 태양광의 발전 단가를 낮추는 셀 소재까지, 은은 기술 문명의 최전선에서 그 가치를 매일 새롭게 경신하고 있다.

KODEX 은선물(H)

- 운용사: 삼성자산운용
- 시가총액: 1조 5,448억 원
- 1년 / 1개월 수익률(2026년 1월 30일 기준): +265.97% / +55.14%

KODEX 구리선물(H):
경기를 알려주는 구리에 투자

실물 경제의 혈관을 흐르는 가장 정직한 지표인
'닥터 코퍼'의 움직임을 포착해
경기 반등의 실익을 스마트하게 챙겨보자.

구리는 전기차, 신재생 에너지, 인프라 건설에 없어서는 안 될 필수 자재다. 실물 경제가 활기를 띠면 가장 먼저 가격이 오르는 특성 때문에 '경제학 박사(Dr. Copper)'라는 별칭이 붙었으며, KODEX 구리선물(H)은 이러한 구리의 수요 폭발을 수익으로 치환하는 통로다.

최근 인공지능(AI) 데이터센터 증설 붐이 구리 수요를 광적으로 자극하며 '붉은 금'의 전성기를 이끌고 있다. 데이터센터를 잇는 거대한 배선망과 냉각 시스템에 막대한 양의 구리가 투입되고 있기 때문이다.

전기차 한 대에 내연기관차보다 4배나 많은 구리가 들어간다는 사실은 이제 상식이다. 에너지 전환이라는 거대한 흐름 속에서 구리는 더 이상 단순한 금속이 아니라 '안보 자산'이자 '성장 자산'으로 그 지위가 격상되었다.

환헤지(H)를 통해 환율 변동의 불확실성을 걷어내고 오직 국제 구리 시세의 흐름에 집중할 수 있다는 점은 큰 실익이다. 전 세계 전력망을 새로 까는 거대한 인프라 공사의 수혜를 개별 종목의 위험 없이 원자재 그 자체로 향유하는 가장 정석적인 방법이다.

최근 주요 광산의 노후화와 환경 규제로 신규 공급이 제한되는 상황은 구리 가격의 '슈퍼 사이클'을 예고하고 있다. 수요는 기하급수적으로 느는데 공급은 산술적으로도 따라가기 힘든 수급 불균형은 투자자에게는 놓칠 수 없는 절호의 기회다.

구리는 경기에 민감하기에 인플레이션 헤지 수단으로도 탁월한 성능을 발휘한다. 물가가 오를 때 구리 가격이 동반 상승하며 내 자산의 실질 구매력을 보전해주니, 화폐 가치 하락의 파도를 넘는 단단한 서핑보드가 되어준다.

실물 구리를 창고에 쌓아둘 수는 없지만, 이 상품을 통하면 누구나 손쉽게 글로벌 산업의 핵심 원료를 소유할 수 있다. 주식 시장이 횡보할 때 실물 경기의 온기를 가장 먼저 반영하는 구리의 탄성은 포트폴리오에 새로운 활력을 불어넣을 것이다.

누가 AI 전쟁의 승자가 되든, 어떤 전기차 브랜드가 시장을 장악하든 결국 구리는 필요하다는 확신에 배팅하라. 기술의 형태는 변해도 그 기술을 잇는 혈관인 구리의 가치는 시간이 흐를수록 더욱 빛을 발할 것이다.

산업의 쌀을 내 계좌에 비축하는 것은 미래의 성장을 미리 선점하는 일이다. 닥터 코퍼가 보내는 정직한 신호를 따라가며, 실물 경제의 회복과 기술 혁신이 만들어내는 거대한 시너지를 온전히 수확하라.

KODEX 구리선물(H)

- 운용사: 삼성자산운용
- 시가총액: 630억 원
- 1년 / 1개월 수익률(2026년 1월 30일 기준): +35.95% / +8.99%

KODEX WTI원유선물(H) : 에너지 변동성을 수익의 기회로

인류의 생존과 성장을 떠받치는 거대한 에너지원인
원유의 변동성을 수익으로 바꾸는
가장 역동적이고 날카로운 투자 처방이다.

원유는 전 세계 물가와 경기를 결정짓는 가장 민감한 자산이다. KODEX WTI원유선물(H)은 텍사스산 중질유(WTI)의 시세 움직임을 추종하며, 지정학적 위기나 경기 회복의 에너지를 내 계좌의 이익으로 연결하는 가장 날카로운 창이 된다.

산유국들의 공급 조절과 신흥국들의 에너지 수요 폭증이 맞물리며 유가는 높은 변동성을 동반한 우상향 압력을 받고 있다. 특히 에너지가 국가 안보와 직결되는 시기에 원유를 포트폴리오에 담는 것은 예기치 못한 유가 폭등으로부터 내 자산을 지키는 '역방향 보험'의 성격을 갖는다.

유가가 오르면 주식 시장은 위축되지만, 원유 ETF는 반대로 치솟으며 계좌의 균형을 맞춘다. 인플레이션의 주범인 유가 상승을 오히려 수익의 원천으로 삼는 전략은, 물가 상승이라는 거대한 파도에 휩쓸리지 않고 그 위에 올라타는 영리한 전술이다.

환헤지(H)를 적용해 달러 가치 변화에 따른 노이즈를 차단하고 순수한 유가 등락의 결실만 챙길 수 있는 구조는 매우 실리적이다. 원유 시추 현장의 열기를 내 스마트폰 안에서 숫자로 확인하며 실물 자산 투자의 묘미를 만끽할 수 있다.

선물 투자의 특성상 차기 월물로 교체할 때 발생하는 '롤오버 비용'이 존재한다는 점은 반드시 숙지해야 한다. 따라서 원유는 묻어두는 장기 투자보다, 시장의 수급 불균형이나 이벤트가 발생했을 때 진입해 추세를 먹고 나오는 전술적 유연함이 필요하다.

최근 신재생 에너지로의 전환 속에서도 원유의 '기저 에너지'로서의 지위는 여전히 견고하며, 이는 유가 하단을 지지하는 강력한 동력이 된다. 화학 제품부터 항공유까지 원유 없이는 하루도 지탱할 수 없는 인류 문명의 현실은 이 자산의 영원한 가치를 증명한다.

지정학적 리스크가 불거질 때마다 유가는 가장 먼저 반응하며

폭발적인 탄력을 보여준다. 공포가 시장을 지배할 때 원유 ETF
는 공포를 수익으로 치환하는 마법을 부리며 당신의 포트폴리오
에 유동성을 공급해줄 것이다.

에너지를 지배하는 자가 부를 지배한다는 사실은 시대를 막론
하고 변하지 않는 진리다. 전 세계 공장을 돌리고 함선을 움직이
는 검은 황금, 원유의 힘을 내 자산의 일부로 삼아 에너지 패권
경쟁의 승자가 되어라.

시장의 흐름을 읽고 적재적소에 에너지를 주입하는 감각을 키
워라. 원유가 선사하는 화끈한 변동성은 준비된 투자자에게는 자
산을 비약적으로 성장시킬 수 있는 절호의 기회가 될 것이다.

KODEX WTI원유선물(H)

- 운용사: 삼성자산운용
- 시가총액: 748억 원
- 1년 / 1개월 수익률(2026년 1월 30일 기준): -5.24% / +12.13%

TIGER 농산물선물Enhanced(H) : 먹거리 가격의 상승에 투자

우리 인류의 근본적 생존 자원인 먹거리를
걱정만 하지 말고 자산으로 소유해보자.
'에그플레이션'의 위협이 수익의 기회로 반전된다.

기후 변화와 인구 증가로 인해 식량은 더 이상 단순한 상품이 아니라 '전략 자산'이 되었다. TIGER 농산물선물 Enhanced(H)는 밀, 옥수수, 대두 등 핵심 농산물의 시세를 추종하며, 식탁 물가 상승의 고통을 계좌의 수익으로 상쇄해주는 영리한 방패 역할을 한다.

이상 기후로 인한 작황 부진과 비료 가격 상승이 맞물리며 전 세계 농산물 가격은 구조적인 상향 추세에 진입했다. 특히 최근에는 인공지능(AI)을 활용한 정밀 농업 기술이 보급되고 있음에도 불구하고, 극단적인 이상 기후가 공급망의 불확실성을 키우며 '에그플레이션'이 일시적 현상을 넘어 상수가 되고 있다.

이 상품의 'Enhanced(강화형)' 전략은 선물 교체 시 발생하는 비용을 최소화하고 수익을 극대화하도록 정교하게 설계되었다. 단순히 시세를 따르는 것을 넘어 운용의 묘를 살려 장기 보유 시의 효율을 높인 것이 이 상품만의 차별화된 매력이다.

환헤지(H)를 통해 환율 변동 리스크를 제거했기에, 독자들은 오직 전 세계 곡창지대의 날씨와 수급 현황에만 집중하면 된다. 전 세계 인구가 매일 소비하는 칼로리의 가치를 내 계좌의 숫자로 치환하는 경험은 투자의 지평을 실물 경제 깊숙이 확장한다.

농산물은 주식이나 채권과 상관관계가 낮아 자산 배분의 관점에서 매우 훌륭한 분산 투자처다. 금융 시장이 요동쳐도 배고픈 인류는 밥을 먹어야 하기에, 농산물 가격은 독자적인 흐름을 유지하며 포트폴리오의 안정성을 더해준다.

최근에는 바이오 연료 수요 증가로 인해 옥수수와 대두의 가치가 에너지 자산으로까지 확장되고 있다. 먹는 것을 넘어 에너지로 쓰이는 농산물의 다변화된 수요는 가격의 하단을 지지하는 강력하고 새로운 동력이 되고 있다.

식량 안보가 국가적 화두가 된 시대, 농산물을 보유하는 것은 미래의 생존권을 선점하는 일과 같다. 기후 위기라는 거대한 불확실성 속에서 식탁 위의 경제학을 내 계좌의 수익학으로 바꿔, 변동성 높은 시장에서도 든든하게 배부른 투자의 길을 걸어보라.

TIGER 농산물선물Enhanced(H)

- 운용사: 미래에셋자산운용
- 시가총액: 121억 원
- 1년 / 1개월 수익률(2026년 1월 30일 기준): -10.99% / -1.27%

BITO:
가상자산을 제도권 ETF로 담다

'디지털 금'으로 불리는 비트코인을
복잡한 개인 지갑이나 거래소 없이
기존 주식 계좌에서 소유하며 자산 혁명에 동참하자.

비트코인은 이제 투기 자산을 넘어 제도권 금융의 한 축으로 안착했다. ProShares Bitcoin Strategy ETF(BITO)는 미국 증시에 상장된 최초의 비트코인 선물 ETF로, 가상자산의 폭발적인 변동성과 성장 잠재력을 제도권 금융의 보호 아래 담아내려는 투자자들에게 최적의 대안을 제공한다.

최근 비트코인은 단기적인 가격 조정 국면을 지나며 기관 투자자들의 '진입 적기'를 타진하는 변곡점에 서 있다. 반감기 이후의 급등세가 진정되고 글로벌 연기금들이 포트폴리오 비중을 재설정하는 과정에서 발생하는 이 조정은, 오히려 디지털 희소 자산의 지분을 늘리려는 스마트 머니에게는 매력적인 기회다.

BITO를 통하면 해킹이나 비밀번호 분실 걱정 없이, 삼성전자 주식을 사듯 간편하게 비트코인의 가격 변동을 내 수익으로 가져올 수 있다. 조정장 특유의 공포에 매몰되기보다, 비트코인이 기존 금융 시스템의 대안으로서 주식 및 채권과 낮은 상관관계를 보인다는 본질적 가치에 주목해야 한다.

자산의 1~3%만 비트코인에 할당해도 전체 수익률 곡선이 가파르게 변하는 '비대칭적 수익 기회'는 이 자산만이 가진 독보적인 매력이라 할 수 있다. 최근의 가격 조정은 이러한 비대칭성을 활용하려는 투자자들에게 진입 장벽을 낮춰주는 실리적인 통로가 되어준다.

선물 기반 ETF이므로 현물 가격과 미세한 오차가 발생할 수 있지만, 전 세계에서 가장 높은 유동성과 신뢰도를 가진 ProShares의 운용 능력은 이러한 오차를 실리적인 수준으로 관리한다. 제도권의 감시를 받는 상품이기에 거래소 파산 같은 극단적 위험으로부터 내 자산을 안전하게 격리한다.

최근에는 글로벌 결제 시스템에 비트코인이 통합되고 상장 지수 상품들이 다양해지며 '디지털 자본주의'의 서막이 열렸다.

BITO는 그 문을 여는 대중적이고 검증된 열쇠이며, 기술 혁신과 변동성을 동시에 즐기는 서학개미들의 필수 장비가 되었다.

물론 24시간 멈추지 않는 가상자산 시장의 변동성과 조정의 깊이는 감내해야 할 몫이다. 하지만 변동성을 견디는 대가는 역사적으로 그 어떤 자산보다 달콤했음을 기억하며, 조정의 끝자락에서 다시 피어오를 디지털 혁명의 정수를 기다려라.

보이지 않는 숫자가 금보다 귀해지는 시대, 당신의 계좌에 디지털 경제의 씨앗을 심어라. BITO가 제공하는 편리함과 안전함을 발판 삼아, 인류 역사상 가장 빠르고 강력한 자산 혁명의 중심부로 당당히 진입하라.

ProShares Bitcoin Strategy ETF (BITO)

- 운용사: ProShare Advisors LLC
- 거래대금(2026년 1월 29일 기준): 6.71억 USD
- 1년 / 1개월 수익률(2026년 1월 30일 기준): -18.53% / 1.91%

KODEX 미국달러선물:
위기 시 계좌를 지키는 안전장치

시장에 공포가 닥칠 때 홀로 솟구치는
달러의 가치를 선점하자. 위기에서 내 계좌를 지켜내는
최후의 보루이자, 가장 강력하고 영리한 보험이다.

달러는 전 세계가 공인한 '기축 통화'이자 최고의 안전 자산이다. KODEX 미국달러선물은 원·달러 환율의 상승에 베팅하는 상품으로, 주식 시장이 무너지고 경제 위기 징후가 나타날 때 자산의 가치를 보전하고 오히려 수익을 내는 역방향의 마법을 부린다.

연준의 금리 인하 사이클 진입에도 불구하고 글로벌 지정학적 긴장감이 고조되며 '달러 스마일(위기 시 달러 강세)' 현상이 뚜렷하게 나타나고 있다. 시장이 불안할수록 달러는 단순한 화폐를 넘어 수익을 창출하는 전략 자산이 되며, 투자자가 하락장에서 평정심을 유지하게 돕는 강력한 심리적 지지대가 된다.

국내 주식 비중이 높은 투자자에게 달러는 선택이 아닌 필수다. 한국 시장은 대외 변수에 취약해 지수가 급락할 때 환율이 급등하는 경향이 강하므로, 달러 ETF를 보유하는 것은 계좌 전체의 변동성을 낮추는 가장 실리적인 자산 배분 전술이다.

선물 상품이기에 적은 비용으로도 달러를 실물로 보유하는 것과 동일한 효과를 낸다. 은행에서 달러를 환전할 때 발생하는 높은 수수료와 보관의 번거로움을 덜어내고, 주식처럼 기민하게 사고팔며 환차익을 챙기는 스마트한 환테크가 가능하다.

최근에는 달러 자산을 확보해두었다가 환율이 올랐을 때 수익을 실현하고, 그 돈으로 싸진 우량주를 매수하는 '수익의 선순환' 전략이 각광받고 있다. 달러는 단순히 가지고 있는 것만으로도 다른 투자 기회를 잡을 수 있는 '기회 비용의 원천'이 된다.

인플레이션과 금리 인하가 교차하는 험난한 파도 속에서 달러라는 닻을 내리지 않은 배는 표류하기 십상이다. 자산의 일정 부분을 달러로 채워두는 것은 어떤 폭풍우가 몰아쳐도 내 계좌가 침몰하지 않을 것이라는 가장 확실한 선언과 같다.

세상의 모든 자산 가치가 의심받을 때 최후까지 살아남는 것은 결국 달러다. 시스템이 제공하는 달러라는 안전한 요새 안에서 시장의 혼란을 관망하며, 위기를 기회로 바꿀 수 있는 냉철한 여유를 확보하라.

투자의 완성은 무엇을 사느냐가 아니라 어떻게 살아남느냐에 있으며, 달러는 그 생존 게임의 마침표다. 당신의 포트폴리오에 달러라는 강력한 안전장치를 장착하고, 불확실한 시대의 파고를 가장 우아하고 실리적으로 넘어서라.

KODEX 미국달러선물

- 운용사: 삼성자산운용
- 시가총액: 720억 원
- 1년 / 1개월 수익률(2026년 1월 30일 기준): +3.54% / -0.24%

같은 ETF를 두 사람이 동시에 샀는데도 누군가는 큰 수익률에 웃고, 누군가는 수익률이 늘 제자리인 이유가 있다. 그 차이는 종목 운이 아니라 ETF의 구조와 비용, 그리고 매매 방식에서 만들어진다. 2부에서는 ETF 투자자가 가장 많이 헷갈려 하고 가장 궁금해하는 질문 40가지를 정면으로 다룬다. 괴리율, 추적오차, 세금, 레버리지와 같은 복잡한 개념을 실전 투자자의 언어로 아주 쉽게 풀어냈다. 크게 벌기 전에, 먼저 덜 새는 법을 반드시 익혀야 한다.

2부

ETF 투자자가
가장 궁금해하는 40가지

이 장은 "지수는 오르는데 왜 내 계좌는 그만큼 만 오르는가"
라는 가장 흔한 질문에서 출발한다. 지수와 ETF 수익률이 어
긋나는 이유를 운용보수, 괴리율, 거래 비용, 환율, 세금 같은
구조적 요소로 풀어 설명한다. 나스닥이 신고가를 기록해도
ETF 수익률이 낮게 보이는 이유는 개인의 판단 실수가 아니
라 상품 구조 때문이다. 이 장은 수익률을 숫자 그대로 믿지
말고, 무엇이 빠지고 무엇이 남는지를 구분해 보게 만든다.

수익률의 진실: "왜 지수는 오르는데 내 ETF는 그만큼 안 오를까?"

ETF 샀는데,
왜 지수보다 덜 오를까?

지수는 비용이 없는 '숫자'이고,
ETF는 비용이 빠지는 '상품'이다.
그래서 ETF의 수익률은 구조적으로 지수보다 낮게 나오는 경우가 많다.

지수는 여러 주식의 가격을 모아 계산한 숫자다. 이 숫자는 시장이 어느 방향으로 얼마나 움직였는지를 보여주는 표시다. 지수는 사고파는 물건이 아니고, 관리비도 없고, 세금도 없고, 거래 비용도 없다. 계산해서 보여주는 값이기 때문에 지수 수익률에는 비용이 들어갈 자리가 없다.

ETF는 이 지수를 따라가도록 만든 실제 상품이다. ETF는 주식처럼 사고팔 수 있고, 누군가가 계속 관리한다. 그래서 ETF에는

운영에 필요한 비용이 들어간다. 이 점에서 ETF는 지수와 성격
이 다르다. 지수는 비용이 없는 숫자이고, ETF는 비용이 빠지는
상품이다.

예를 들어 어떤 해에 나스닥 지수가 10% 올랐다고 가정해 보
자. 지수는 그냥 계산값이기 때문에 그대로 10%가 표시된다. 하
지만 같은 지수를 따라가는 ETF에는 운용보수가 붙는다. 이 보
수는 따로 내는 것처럼 보이지 않지만, ETF 안에서 매일 조금씩
차감된다. 그래서 연말에 보면 ETF 수익률은 10%보다 조금 낮
은 숫자로 찍힌다. 같은 방향으로 움직였는데도 숫자가 다른 첫
번째 이유이다.

ETF를 사고팔 때도 비용이 생긴다. 살 때의 가격과 팔 때의 가
격은 항상 같지 않다. 보통 살 때는 조금 비싸고, 팔 때는 조금 싸
다. 이 차이는 거래할 때마다 반복된다. 거래를 자주 할수록 작은
손해가 계속 쌓인다. 지수에는 이런 거래 손해가 없다. 지수는 사
고파는 대상이 아니기 때문이다.

두 번째 예를 들어 보자. 100만 원으로 나스닥 ETF를 샀다고
하자. 1년 동안 지수가 10% 올랐다면, 계산상으로는 110만 원이
된다. 하지만 ETF에는 운용보수가 빠지고, 사고팔 때의 가격 차
이도 반영된다. 그래서 실제 계좌에 찍히는 숫자는 110만 원보다
조금 적게 보이는 일이 흔하다. 이 차이는 누군가의 실수 때문이

아니라 상품 구조 때문에 생기는 차이다.

해외 지수를 따라가는 ETF에는 환율이 들어간다. 나스닥 지수는 달러 기준으로 계산된다. 같은 기간 지수가 올라도, 원화 가치가 함께 오르면 원화로 계산한 수익률은 줄어든다. 그래서 지수 차트는 좋아 보이는데, 내 계좌 숫자는 그만큼 안 늘어나는 일이 생긴다. 지수와 계좌가 다르게 보이는 이유는 바로 환율 때문이다.

세 번째 예를 들어 보자. 뉴스에서는 '나스닥 최고치'라는 말이 나온다. 그런데 내 계좌를 열어보면 기대만큼 늘지 않았다. 이때 지수는 달러 기준으로 오른 것이고, 내 계좌는 원화로 계산된 숫자다. 같은 움직임을 봐도, 기준이 다르면 결과 숫자는 달라진다. 이 차이 역시 지수에는 없고, ETF 계좌에는 나타난다.

또 해외 자산에서 나오는 분배금에는 세금이 붙는다. 이 세금은 받을 때 자동으로 빠진다. 지수 수익률에는 이런 세금이 들어가지 않는다. 그래서 해외 지수를 따라가는 ETF의 실제 수익률은 지수 수익률과 다시 한 번 차이가 난다.

ETF는 지수를 완전히 똑같이 따라갈 수 없다. ETF는 운용 과정에서 일부 현금을 들고 있고, 지수에 들어 있는 종목이 바뀔 때도 모든 종목을 바로 같은 비율로 바꾸기 어렵다. 그래서 하루하루의 수익률이 지수와 조금씩 달라진다. 이 작은 차이는 하루만 보면 잘 느껴지지 않지만, 시간이 지나면 눈에 보이는 차이가 된다.

이렇게 운용보수, 거래 손해, 환율, 세금, 운용 방식의 차이가 겹치면서 ETF 수익률은 지수 수익률과 같을 수 없다. 나스닥 지수가 최고치를 기록해도, 나스닥 ETF 수익률이 그보다 낮게 나오는 일은 구조적으로 어쩔 수 없다. 이것은 특정 상품이 못해서 생기는 문제가 아니라 상품의 구조 때문에 생기는 결과다.

그래서 ETF 투자를 할 때 비교 대상은 지수 그 자체가 아니라 같은 지수를 따라가는 다른 ETF다. 운용보수가 얼마나 되는지, 사고팔기 쉬운지, 쓸데없이 새는 돈이 적은지를 함께 본다. 이런 차이가 몇 년 뒤 수익률의 차이로 나타난다.

ETF 투자에서 중요한 것은 지수의 방향만이 아니다. 같은 방향으로 가더라도, 그 과정에서 얼마나 덜 새고 가느냐가 최종 수익률을 만든다.

ETF 가격은 내가 보는 게
진짜 가치일까?

ETF에는 화면에 보이는 '시장 가격'과,
안에 들어 있는 자산으로 계산한 '진짜 가치'가 따로 있다.
이 둘의 차이를 모르고 거래하면, 비싸게 사거나 싸게 파는 일을 반복하게 된다.

주식 앱을 열면 ETF에는 항상 가격이 하나 찍혀 있다. 우리는 보통 이 숫자를 보고 "이 가격이 이 ETF의 값이구나"라고 생각한다. 그런데 이 숫자는 ETF의 진짜 가치와 항상 같지는 않다. ETF에는 사람들이 사고파는 가격과, 안에 들어 있는 자산으로 계산한 실제 가치가 따로 있기 때문이다.

먼저 ETF의 진짜 가치를 생각해 보자. ETF는 여러 주식이나 채권을 한데 모아 놓은 묶음이다. 이 안에 들어 있는 자산들의 값을 전부 더하고, 거기서 비용을 빼서 나눈 값이 나온다. 이것이 ETF의 실제 가치다. 이 값은 "지금 이 ETF를 통째로 정리하면 얼마가 되는가"를 보여주는 숫자다.

그런데 우리가 화면에서 보는 가격은 이 실제 가치가 아니라 시장에서 사람들이 사고파는 가격이다. 이 가격은 그 순간의 분위기에 따라 움직인다. 사고 싶은 사람이 많으면 올라가고, 팔려는 사람이 많으면 내려간다. 그래서 시장 가격은 실제 가치와 비슷할 때도 있고 다를 때도 있다.

예를 들어 보자. 어떤 ETF의 실제 가치가 1만 원이라고 하자. 그런데 갑자기 이 ETF를 사고 싶어 하는 사람이 몰리면, 시장에서는 1만 200원이나 1만 300원에 거래될 수 있다. 반대로 불안해져서 사람들이 한꺼번에 팔면, 9,900원이나 9,800원까지 내려갈 수도 있다. 이때 ETF 안에 들어 있는 자산의 가치는 거의 변하지 않았는데, 가격만 흔들린 것이다.

이렇게 시장 가격과 실제 가치가 어긋나는 상태를 '괴리'라고 한다. 가격이 실제 가치보다 비싸면 비싸게 거래되고 있는 것이고, 싸면 싸게 거래되고 있는 것이다. 문제는 우리가 이걸 모르고, 그냥 화면에 보이는 가격만 보고 사고판다는 점이다.

한 번 더 예를 들어 보자. 평소에는 1만 원 근처에서 움직이던 ETF가, 어느 날 갑자기 1만 300원까지 올라 있다고 하자. 이때 안에 들어 있는 자산의 가치는 아직 1만 원 근처일 수 있다. 이 상태에서 사면, 이미 비싼 값을 주고 들어가는 셈이다. 나중에 가격이 제자리로 돌아오면, 지수가 안 떨어졌는데도 내 계좌는 마이너스가 될 수 있다.

반대로 공포 때문에 사람들이 몰려서 팔면서 가격이 실제 가치보다 많이 떨어져 있을 때도 있다. 이때는 안에 들어 있는 자산보다 너무 싼 가격에 거래되고 있는 것이다. 하지만 이걸 모르고 무서워서 같이 팔아버리면, 실제보다 싼 값에 내 자산을 넘기게 된다.

"그럼 이런 차이는 왜 생길까?"라는 질문이 나온다. 이유는 ETF가 주식처럼 하루 종일 사고팔 수 있는 상품이기 때문이다. ETF 안에 들어 있는 자산의 가치는 계산해서 반영되는 데 시간이 조금 걸린다. 그래서 시장이 급하게 움직일 때는 가격이 실제 가치를 따라가지 못하고 앞서가거나 뒤처지는 순간이 생긴다.

이 차이를 줄이기 위해 시장에는 가격을 맞춰 주는 역할을 하는 사람들이 있다. 그래서 보통은 가격과 실제 가치가 크게 벌어지지 않는다. 하지만 장이 크게 흔들리거나 거래가 많지 않은 ETF에서는 이 차이가 생각보다 커질 수 있다.

그래서 ETF를 볼 때는 '지금 보이는 가격'만 보면 안 된다. 이 가격이 ETF 안에 들어 있는 자산의 가치와 크게 차이가 나는지, 아니면 비슷한지도 같이 봐야 한다. 이걸 모르고 있으면, "왜 나는 사자마자 손해를 보지?” 같은 일이 반복된다.

　정리하면, ETF에는 두 가지 숫자가 있다. 하나는 사람들이 사고파는 시장 가격이고, 다른 하나는 안에 들어 있는 자산으로 계산한 실제 가치다. 이 둘은 대부분 비슷하지만, 항상 같은 것은 아니다. 이 차이를 알고 나면, 가격이 흔들릴 때도 훨씬 덜 휘둘리게 된다.

　ETF 투자에서 중요한 것은 보이는 숫자 하나만 믿지 않는 것이다. 그 숫자가 실제 가치에 비해 비싼지, 싼지를 한 번 더 생각하는 습관이 필요하다. 이 차이를 아는 것만으로도, 쓸데없는 손해를 꽤 많이 줄일 수 있다.

괴리율 큰 ETF,
사는 순간부터 이미 손해일까?

ETF에는 '보이는 가격'과 '진짜 가치'가 따로 있고,
둘의 차이를 괴리율이라고 부른다. 괴리율이 큰 상태에서 사거나 팔면,
방향이 맞아도 출발부터 손해를 안고 시작할 수 있다.

ETF를 고를 때 많은 사람들은 차트와 수익률만 본다. 그런데 ETF에는 한 가지 더 꼭 봐야 할 숫자가 있다. 바로 괴리율이다. 괴리율은 시장에서 거래되는 가격이 ETF 안에 들어 있는 자산의 실제 가치와 얼마나 차이가 나는지를 보여주는 지표다. 이 숫자를 모르면, 같은 ETF를 사도 누군가는 처음부터 불리한 자리에서 출발하게 된다.

먼저 ETF의 구조를 다시 떠올려 보자. ETF는 여러 주식이나

채권을 모아 놓은 묶음이다. 이 안에 들어 있는 자산의 값을 전부 더해서 계산한 값이 실제 가치다. 그런데 우리가 사고파는 가격은 시장에서 정해진다. 이 둘이 어긋나면, 그 차이가 그대로 괴리율로 나타난다.

예를 들어 보자. 어떤 ETF의 실제 가치가 1만 원이라고 하자. 그런데 시장에서 이 ETF가 1만 300원에 거래되고 있다면, 실제 가치보다 3% 비싸게 거래되는 것이다. 반대로 9,700원에 거래되고 있다면, 실제 가치보다 3% 싸게 거래되는 것이다. 이 차이가 바로 괴리율이다.

문제는 이 상태에서 거래를 할 때 생긴다. 실제 가치가 1만 원인 ETF를 1만 300원에 사면, 출발부터 이미 3% 비싼 값을 주고 들어간 셈이다. 이후 안에 들어 있는 자산이 그대로여도, 가격이 제자리로 돌아오기만 해도 내 계좌에는 손실이 찍힌다. 방향이 틀린 게 아니라 출발선에서부터 불리했던 것이다.

반대로 실제 가치보다 싼 상태에서 팔면, 역시 손해를 스스로 확정하는 셈이 된다. 안에 들어 있는 자산은 그대로인데, 시장 분위기 때문에 가격만 눌려 있는 상황일 수도 있다. 이때 괴리율을 모르고 그냥 팔아버리면, 실제 가치보다 싼 값에 내 자산을 넘기는 일이 된다.

"그럼 이런 차이는 왜 생길까?"라는 질문이 나온다. 이유는

ETF가 주식처럼 실시간으로 거래되기 때문이다. ETF 안에 들어 있는 자산의 가치는 계산해서 반영되는 데 시간이 조금 걸린다. 반면 시장에서는 사람들의 기대와 불안이 훨씬 빠르게 가격에 반영된다. 그래서 장이 급하게 움직일 때, 가격이 실제 가치를 앞서가거나 뒤처지는 일이 생긴다.

또 거래가 많지 않은 ETF에서는 이 현상이 더 자주 나타난다. 사고파는 사람이 적으면, 몇 번의 거래만으로도 가격이 크게 흔들릴 수 있다. 이때 실제 가치와 가격 사이의 간격이 쉽게 벌어진다. 그래서 거래량이 적은 ETF일수록 괴리율을 더 조심해서 봐야 한다.

물론 시장에는 이 차이를 줄이려는 역할도 있다. 가격이 실제 가치에서 너무 벗어나면, 이를 맞추려는 거래가 들어온다. 그래서 평소에는 괴리율이 크게 벌어지지 않는다. 하지만 시장이 크게 흔들리거나 특정 ETF에 갑자기 관심이 몰리면, 이 균형이 잠시 깨질 수 있다.

다시 예를 들어 보자. 뉴스에서 어떤 테마 ETF가 갑자기 화제가 되었다고 하자. 사람들이 몰리면서 가격이 빠르게 오른다. 그런데 안에 들어 있는 종목들의 가치는 그만큼 빨리 따라오지 못할 수도 있다. 이때 ETF는 실제 가치보다 비싼 상태가 된다. 이걸 모르고 따라 들어가면, 가격이 진정되는 순간 손실이 먼저 나타난다.

그래서 ETF를 살 때는 "오르고 있느냐"만 보면 안 된다. 지금 가격이 실제 가치에 비해 비싼지, 아니면 비슷한지를 같이 봐야 한다. 괴리율이 크게 벌어진 상태라면, 그 자체로 이미 불리한 자리에서 시작하는 것이다.

정리하면, 괴리율은 ETF가 지금 얼마나 제자리에서 벗어나 있는지를 보여주는 신호다. 이 숫자를 무시하고 거래하면, 방향이 맞아도 수익이 줄어들거나 손실이 먼저 나타나는 일을 겪게 된다. 반대로 이 숫자를 확인하는 습관만 가져도 쓸데없는 손해를 꽤 많이 줄일 수 있다.

ETF 투자에서 중요한 것은 언제 사느냐만이 아니다. 같은 ETF를 사도, 비싸게 사느냐 적당한 값에 사느냐에 따라 결과가 달라진다. 괴리율은 그 출발선이 유리한지 불리한지를 알려주는 표지판이다.

똑같은 지수인데,
왜 ETF마다 결과가 다를까?

같은 지수를 따라가도 ETF마다 비용, 운용 방식, 거래 환경이 다르다.
이 작은 차이들이 쌓여서 몇 년 뒤에는 수익률 차이로 드러난다.

같은 지수를 따라가는 ETF가 여러 개 있을 때가 많다. 이름도 비슷하고 설명도 비슷하다. 그래서 많은 사람들은 "어차피 같은 지수면 아무거나 사도 되겠지"라고 생각한다. 하지만 실제로는 같은 지수를 따라가도 ETF마다 결과가 조금씩 다르게 나온다.

먼저 비용부터 생각해 보자. ETF에는 운용보수가 있다. 이 보수는 따로 내는 것처럼 보이지 않지만, ETF 안에서 매일 조금씩 빠져나간다. 어떤 ETF는 보수가 싸고, 어떤 ETF는 조금 비싸다. 하루하루의 차이는 아주 작아 보이지만, 이 차이는 계속 쌓인다. 그래서 시간이 지나면, 같은 지수를 따라갔는데도 수익률이 달라진다.

다음은 운용 방식의 차이다. ETF는 지수를 그대로 흉내 내서 따라가도록 만들어져 있지만, 실제로는 완전히 똑같이 맞추기 어렵다. 어떤 ETF는 지수에 들어 있는 종목을 거의 그대로 들고 가고, 어떤 ETF는 일부 현금을 조금 더 들고 있기도 한다. 지수에 들어 있는 종목이 바뀔 때도, ETF마다 바꾸는 속도와 방법이 조금씩 다르다. 이 차이 때문에 하루하루의 수익률이 조금씩 어긋난다.

또 거래 환경도 다르다. 어떤 ETF는 거래가 활발해서 사고팔기 쉽고, 어떤 ETF는 거래가 많지 않아서 가격이 조금만 움직여도 흔들린다. 거래가 적은 ETF는 살 때 비싸게 사고, 팔 때 싸게 팔게 되는 일이 더 자주 생긴다. 이 차이는 눈에 잘 보이지 않지만, 실제 수익률에는 그대로 남는다.

예를 들어 보자. 같은 지수를 따라가는 ETF 두 개가 있다고 하자. A는 보수가 조금 싸고, 거래도 활발하다. B는 보수가 조금 비싸고, 거래도 뜸하다. 처음에는 두 ETF의 가격이 거의 비슷하게 움직인다. 그런데 몇 년이 지나고 나서 보면, A의 수익률이 B보다 조금 더 높아져 있는 경우가 많다. 방향은 같았는데, 과정에서 새는 돈의 양이 달랐기 때문이다.

또 하나 생각해 볼 점은 지수를 따라가는 '정확도'다. 어떤 ETF는 지수와 거의 비슷하게 움직이고, 어떤 ETF는 조금 더 자주 어긋난다. 이 차이는 하루만 보면 잘 느껴지지 않는다. 하지만 이런 작은 어긋남이 계속 반복되면, 몇 년 뒤에는 눈에 보이는 차이가 된다.

"그래도 같은 지수면 큰 차이는 없지 않나?"라고 생각할 수도 있다. 맞는 말이다. 대부분의 경우 차이는 아주 크지 않다. 하지만 투자에서는 아주 작은 차이가 오래 쌓이는 것이 결과를 바꾼다. 특히 장기 투자에서는 이 차이가 더 분명해진다.

그래서 ETF를 고를 때는 "어떤 지수를 따라가느냐"만 보면 안된다. "그 지수를 어떻게 따라가느냐"도 같이 봐야 한다. 보수가 얼마나 되는지, 거래가 얼마나 잘 되는지, 지수를 얼마나 비슷하게 따라가는지를 함께 보는 이유가 여기에 있다.

정리하면, 같은 지수를 따라가는 ETF라도, 구조와 환경이 완전히 같을 수는 없다. 비용, 운용 방식, 거래 환경, 추적 정확도의 차이가 조금씩 있다. 이 차이들은 하루아침에 큰 차이를 만들지는 않지만, 시간이 지나면서 수익률의 간격을 만든다.

보수가 조금 싼 ETF,
10년 뒤엔 인생이 얼마나 달라질까?

운용보수 차이는 매년 아주 작아 보이지만,
시간이 쌓이면 결과를 바꾼다.
같은 지수를 따라가도, 보수가 싼 쪽이 남기는 돈은 점점 더 커진다.

ETF를 고를 때 많은 사람들은 수익률 차트부터 본다. 그런데 수익률 못지않게 중요한 숫자가 하나 있다. 바로 운용보수다. 운용보수는 ETF를 관리하는 데 드는 비용이다. 이 돈은 따로 내는 것처럼 보이지 않지만, ETF 안에서 매일 조금씩 빠져나간다. 그래서 우리는 눈치채지 못한 채, 매년 같은 비용을 계속 내고 있는 셈이 된다.

먼저 아주 쉬운 예를 들어 보자. 두 ETF가 같은 지수를 따라간다고 하자. 하나는 보수가 0.1%이고, 다른 하나는 0.5%다. 차이는 0.4%포인트다. 숫자로 보면 "이 정도면 거의 차이가 없는 것 아닌가?"라는 생각이 들 수 있다.

그런데 이 차이는 매년 반복된다. 그리고 이 비용은 수익이 나든, 손실이 나든, 상관없이 빠져나간다. 예를 들어 1천만 원을 투자했다고 하자. 보수 0.1%면 1년에 1만 원, 보수 0.5%면 1년에 5만 원이다. 해마다 4만 원 차이가 난다. 1년만 보면 '그냥 밥 몇 번 값'처럼 느껴질 수도 있다.

하지만 투자는 1년으로 끝나지 않는다. 이 차이는 10년, 20년 동안 계속 쌓인다. 게다가 이 돈은 단순히 빠져나가는 것에서 끝나지 않는다. 빠져나간 돈은 다시 불어날 기회 자체를 잃는다. 그래서 시간이 지날수록 차이는 더 벌어진다. 이게 바로 복리 효과의 반대 방향이다.

조금 더 현실적인 상황을 생각해 보자. 두 사람이 같은 날, 같은 지수를 따라가는 ETF에 각각 1천만 원씩 투자했다. 다만 한 사람은 보수 0.1%짜리를 샀고, 다른 한 사람은 보수 0.5%짜리를 샀다. 시장이 10년 동안 나쁘지 않게 흘러갔다고 하자. 방향은 둘 다 같다. 하지만 10년 뒤 계좌를 열어 보면, 보수가 싼 쪽이 눈에 띄게 더 많은 돈을 가지고 있는 경우가 많다.

이 차이는 '투자를 잘해서' 생긴 게 아니다. 같은 투자를 했어도, 한쪽은 중간에서 빠져나간 돈이 적었기 때문에 생긴 차이다. 같은 길을 갔는데, 한쪽은 중간중간 돈이 새고, 다른 쪽은 덜 샌 것이다. 물이 새는 양이 조금씩 달라도, 오래 지나면 물통에 남아 있는 물의 양은 크게 달라진다.

"그래도 요즘은 보수 차이가 다 비슷하지 않나?"라고 생각할 수도 있다. 맞는 말이다. 예전보다는 전체적으로 보수가 많이 낮아졌다. 하지만 같은 지수를 따라가는 ETF끼리 비교해 보면, 아직도 차이가 나는 경우가 많다. 그리고 그 차이는 대부분 투자자가 받는 서비스나 결과를 눈에 띄게 바꾸지 않는 경우가 많다.

그래서 ETF를 고를 때는 "이게 유명한가"보다 "보수가 얼마나 되는가"를 먼저 보는 게 더 현실적인 기준이 된다. 물론 보수만 보고 아무거나 고를 수는 없다. 하지만 같은 지수, 비슷한 구조라면, 보수가 싼 쪽이 장기적으로 유리할 가능성이 높다.

정리하면, 운용보수는 매년 아주 작아 보이지만, 투자 기간이 길어질수록 결과를 바꾸는 힘을 가진다. 이 차이는 어느 날 갑자기 크게 보이지 않는다. 대신 10년, 20년이 지나고 나서 "왜 내 계좌는 이만큼일까?"라는 질문으로 나타난다.

ETF 투자에서 중요한 것은 많이 벌려고 애쓰는 것만이 아니다. 이미 벌고 있는 돈이 새지 않게 지키는 것도 중요하다. 보수 차이는 그중에서도 가장 확실하게 관리할 수 있는 부분이다.

액티브 ETF,
진짜 시장을 이길 수 있을까?

액티브 ETF는 사람이 판단해서 종목을 바꾸며 운용하는 상품이다.
하지만 대부분의 경우, 오랜 기간 시장 평균을 꾸준히 이기기는 매우 어렵다.

ETF에는 두 가지 종류가 있다. 하나는 지수를 그대로 따라가는 방식이고, 다른 하나는 사람이 판단해서 더 좋아 보이는 종목을 고르는 방식이다. 뒤의 방식이 바로 액티브 ETF다. 액티브 ETF는 "우리가 알아서 잘 골라서 지수보다 더 좋은 성과를 내 보겠다"는 목표로 만들어진 상품이다.

겉으로 보면 아주 그럴듯하다. 지수는 그냥 평균일 뿐인데, 전문가가 고르면 평균보다 더 잘할 수 있을 것처럼 느껴진다. 실제로 어떤 해에는 액티브 ETF가 지수보다 더 좋은 성과를 내는 경우도 있다. 그래서 많은 사람들은 "그럼 이걸 사는 게 더 낫지 않을까?"라고 생각한다.

하지만 문제는 '한 해'가 아니라 '여러 해'다. 투자는 몇 달, 1년으로 끝나지 않는다. 5년, 10년, 20년을 두고 봐야 한다. 이 긴 시간 동안 같은 사람이 같은 판단으로 계속 평균보다 잘한다는 것은 생각보다 매우 어렵다.

또 하나 중요한 점은 비용이다. 액티브 ETF는 사람이 계속 판단하고 바꾸기 때문에 보통 운용보수가 더 비싸다. 이 비용은 성과가 좋든 나쁘든 매년 빠져나간다. 즉, 지수를 이기려면 먼저 이 추가 비용부터 이겨야 한다. 그 자체가 이미 불리한 출발선이다.

"그래도 정말 잘하는 사람이 운용하면 계속 이길 수도 있지 않을까?"라는 생각이 들 수 있다. 물론 그런 경우가 전혀 없지는 않다. 하지만 문제는 그 '잘하는 사람'을 미리 알아보는 게 거의 불가능하다는 점이다. 과거 성과가 좋았다고 해서 앞으로도 계속 좋을 거라는 보장은 없다.

실제로 시장을 보면, 어떤 해에 뛰어난 성과를 낸 펀드나 운용팀이 그 다음 해에는 평범해지거나 오히려 평균보다 못한 성과를 내는 일이 자주 일어난다. 운이 좋았던 해와, 판단이 잘 맞았던 해를 구분하기가 어렵기 때문이다.

또 액티브 ETF는 종목을 자주 바꾼다. 그러면 거래 비용도 더 많이 든다. 이 비용도 눈에 잘 보이지 않지만, 수익률에서는 분명히 빠져나간다. 이렇게 보수와 거래 비용이 함께 쌓이면, 지수와 같은 성과를 내기도 쉽지 않은 구조가 된다.

정리해 보면, 액티브 ETF는 '지수를 이기려고' 시작하지만, 실제로는 비용 때문에 지수를 따라가기만 해도 벅찬 경우가 많다. 어떤 시기에는 지수를 이길 수도 있지만, 그것이 오래 계속되기는 매우 어렵다. 그래서 액티브 ETF를 볼 때는 "지수를 이겼다"는 과거 기록만 보고 판단하면 안 된다. 얼마나 오래, 얼마나 꾸준히 이겼는지, 그리고 그 과정에서 비용이 얼마나 들어갔는지를 함께 봐야 한다.

ETF 투자에서 가장 어려운 일 중 하나는 평균을 계속 이기는 것이다. 시장 평균은 생각보다 강하다. 그래서 많은 경우, 평균을 이기려고 애쓰는 것보다 평균을 최대한 따라가는 것이 더 현실적인 선택이 된다.

떨어질 때마다 나눠 사면,
정말 더 빨리 살아날까?

나눠 사는 방법은 평균 가격을 낮춰 주지만,
회복 시점을 앞당겨 주는 만능 열쇠는 아니다.
하락의 깊이와 기간에 따라 효과가 크기도 하고 거의 없기도 하다.

주가가 떨어질 때마다 조금씩 나눠 사라는 말을 많이 듣는다. 한 번에 사는 것보다 위험을 나눌 수 있고, 평균 가격도 낮출 수 있다는 이유 때문이다. 그래서 많은 사람들은 "계속 나눠 사면 언젠가는 더 빨리 본전이 되겠지"라고 생각한다.

먼저 나눠 사기의 원리를 쉽게 알아보자. 같은 ETF를 한 번에 100만 원어치 사는 대신 20만 원씩 다섯 번에 나눠 산다고 하자. 가격이 내려갈 때마다 사면, 처음에 산 것보다 더 싼 가격에도 사게 된다. 그러면 전체 평균 가격은 내려간다. 이 점만 보면, 분명히 '나눠 사기'는 유리해 보인다.

예를 들어 보자. 처음에 1만 원에 조금 사고, 9천 원, 8천 원, 7천 원, 6천 원에 나눠 샀다고 하자. 평균 가격은 8천 원보다 조금 위가 된다. 나중에 가격이 다시 8천 원대로만 돌아와도, 이미 손익은 거의 본전에 가까워진다. 한 번에 1만 원에 샀다면, 1만 원까지 올라와야 본전인데, 그보다 훨씬 빨리 숨을 돌릴 수 있다.

여기까지 보면, '나눠 사기'는 분명히 좋은 방법처럼 보인다. 하지만 이 방법에는 한 가지 중요한 조건이 있다. 가격이 언젠가는 다시 올라와 준다는 전제다. 만약 가격이 오랫동안 바닥 근처에서 머물거나 더 깊이 떨어진다면 상황은 달라진다.

또 하나 생각해 볼 점은 '나눠 사기'를 할수록 투자 금액이 점점 더 많이 묶인다는 사실이다. 처음에는 조금만 들어갔지만, 계속 떨어질 때마다 사다 보면, 어느새 꽤 큰 돈이 한 종목에 들어가 있게 된다. 이 상태에서 가격이 오랫동안 회복되지 않으면, 기다리는 시간도 길어지고, 마음의 부담도 커진다.

'나눠 사기'가 항상 "회복을 앞당겨 준다"고 말하기도 어렵다. 평균 가격은 낮아졌을 수 있지만, 가격이 오르는 속도 자체는 바뀌지 않는다. 시장이 천천히 회복하면, 평균 가격이 낮아졌어도 기다리는 시간은 여전히 길 수 있다.

또 다른 예를 들어 보자. 어떤 ETF가 1만 원에서 5천 원까지 떨어진 뒤, 몇 년 동안 5천 원 근처에서만 움직인다고 하자. 이 과정에서 열심히 나눠 샀다면 평균 가격은 많이 낮아져 있을 것이다. 하지만 가격이 다시 오르지 않는 한, 계좌가 살아나는 시점도 오지 않는다. '나눠 사기'는 가격을 올려 주는 방법이 아니라 가격이 오를 때 유리해지도록 준비하는 방법일 뿐이다.

이 방법이 특히 위험해지는 순간도 있다. 처음에 생각했던 것보다 하락이 훨씬 길어지거나 구조적으로 상황이 나빠진 경우다. 이때도 "여기까지 왔으니 조금만 더 사 보자"는 생각이 들기 쉽다. 그러다 보면 계획하지 않았던 금액까지 계속 들어가게 된다.

그래서 '나눠 사기'를 할 때는 미리 정해 둔 범위와 금액이 꼭 필요하다. "얼마까지, 몇 번까지"라는 기준 없이 '나눠 사기'를 시작하면, 나중에는 멈추기 어려워진다. 그때는 전략이 아니라 버티기가 된다.

정리하면, '나눠 사기'는 평균 가격을 낮춰 주는 효과는 분명히 있다. 하지만 회복 시점을 보장해 주는 방법은 아니다. 시장이 회복해 줄 때만, 그 효과가 드러난다. 회복이 늦어지면, 기다림도 같이 길어진다. ETF 투자에서 '나눠 사기'는 위험을 관리하는 도구이지, 시간을 단축시켜 주는 마법의 방법은 아니다.

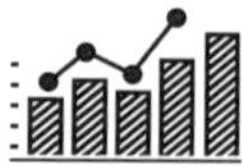

배당락 맞고 안 오르는 종목,
언제 정리해야 할까?

**배당을 받으면 주가는 그만큼 내려가는 것이 정상이다.
문제는 시간이 지나도 회복되지 않을 때인데,
그때는 배당보다 구조를 먼저 봐야 한다.**

배당을 주는 ETF나 주식을 들고 있으면, 어느 날 갑자기 가격이 뚝 떨어지는 날이 있다. 배당락 때문이다. 배당을 받을 권리가 사라지는 날, 주가는 배당금만큼 내려가서 시작한다. 그래서 화면을 보면 "아침에 갑자기 손해가 났네?"처럼 보이기도 한다. 하지만 이 하락 자체는 이상한 일이 아니다. 배당을 받았으니, 그만큼 가격이 내려가는 것이 정상이다.

문제는 그 다음이다. 보통은 시간이 지나면서 가격이 다시 올라가거나 적어도 배당락 이전 수준 근처로 돌아오는 경우가 많다. 그런데 어떤 종목은 배당락 이후에 계속 힘을 못 쓰고, 몇 달이 지나도 제자리로 못 돌아오는 경우가 있다. 이때 많은 사람들이 고민한다. "배당도 받았는데, 그냥 더 들고 있어야 하나?" 아니면 "이쯤에서 정리해야 하나?"

먼저 한 가지를 분리해서 생각해야 한다. 배당을 받았다는 사실과, 이 자산의 가치가 좋아지고 있는지는 다른 문제다. 배당을 한 번 받았다고 해서 그 자산이 앞으로도 계속 괜찮다는 뜻은 아니다. 배당은 과거의 결과로 받는 돈이고, 주가는 앞으로의 기대를 반영하는 숫자다.

예를 들어 보자. 어떤 ETF가 1년에 한 번 큰 배당을 주지만, 그 안에 들어 있는 종목들의 실적은 계속 나빠지고 있다고 하자. 배당락 이후 주가가 떨어진 뒤, 시간이 지나도 다시 올라오지 못한다면, 시장은 이미 "앞으로가 예전 같지 않다"라고 보고 있는 것이다. 이때 계속 들고 있는 것은 배당을 받기 위해 나빠진 자산을 붙잡고 있는 상태가 될 수 있다.

반대로 배당락 이후 잠깐 흔들렸다가 다시 회복하는 경우도 많다. 이때는 구조가 크게 변한 게 아니라 배당 때문에 생긴 일시적인 가격 조정일 가능성이 크다. 이런 경우라면, 굳이 배당락만 보고 서둘러 정리할 이유는 크지 않다.

그래서 판단 기준은 "배당을 받았느냐"가 아니라 "이 ETF 안에 들어 있는 자산의 상황이 예전과 같은가, 아니면 나빠졌는가"다. 배당락 이후에도 가격이 오랫동안 회복되지 않는다면, 그건 단순한 기술적 조정이 아니라 내용이 바뀌었다는 신호일 수 있다.

또 하나 중요한 점은 배당률이 지나치게 높아 보일 때다. 어떤 ETF는 가격이 많이 떨어져서 배당률만 보면 아주 매력적으로 보이는 경우가 있다. 하지만 이때의 높은 배당률은 좋아서 높아진 게 아니라 가격이 떨어져서 높아진 숫자일 수 있다. 이 상태에서 "배당을 많이 주니까 괜찮겠지"라고 생각하는 것은 위험하다.

한 번 더 생각해 보자. 어떤 ETF가 배당을 주지만, 그 배당을 주기 위해 안에 있는 자산을 계속 팔고 있다면 어떨까. 겉으로는 현금이 들어오지만, 속에서는 살이 빠지고 있는 셈이다. 이 경우에는 시간이 지날수록 배당을 받는 대신 원금이 조금씩 줄어드는 구조가 될 수도 있다.

그래서 배당락 이후에 가격이 계속 힘을 못 쓴다면, 한 번은 꼭 점검해야 한다. "이게 그냥 시장이 나쁜 건지, 아니면 이 ETF 자체의 구조가 예전 같지 않은 건지"를 구분해야 한다. 이 구분이 되지 않으면, 배당에 끌려서 상황이 나빠진 자산을 오래 붙잡고 있게 된다.

정리하면, 배당락 자체는 팔 이유가 아니다. 하지만 배당락 이후 오랜 시간이 지나도 회복하지 못한다면, 그때는 배당보다 구조를 먼저 봐야 한다. 이 자산이 앞으로도 같은 역할을 해 줄 수 있는지, 아니면 이미 성격이 바뀌었는지를 확인하는 게 먼저다.

ETF 투자에서 배당은 보너스에 가깝다. 핵심은 여전히 자산의 힘이다. 배당만 보고 버티는 투자는 나중에 배당보다 더 큰 것을 잃게 만들 수도 있다.

월배당 ETF,
이 배당은 도대체 어디서 나오는 걸까?

**월배당 ETF의 돈은 하늘에서 떨어지지 않는다.
대부분은 이자와 배당에서 나오고,
부족하면 자산을 팔아서 채우기도 한다.**

월배당 ETF를 보면 매달 통장에 돈이 들어온다. 그래서 많은 사람들은 "이거 하나만 들고 있으면 월급처럼 현금이 생기는 거 아닌가?"라고 생각한다. 하지만 이 돈이 어디에서 나오는지 모르면, 배당을 받으면서도 내 자산이 줄어드는 상황을 겪을 수 있다.

먼저 가장 정상적인 경우부터 보자. ETF 안에 들어 있는 주식이나 채권이 이자나 배당을 실제로 벌어들이고, 그 돈을 모아서 나눠 주는 경우다. 이때의 분배금은 자산이 만들어 낸 수익을 나눠 받는 것이다. 이 구조는 비교적 건강하다. 자산이 돈을 벌고, 그 일부를 현금으로 돌려주는 것이기 때문이다.

문제는 매달 일정한 금액을 맞추기 위해 다른 방법을 쓰는 경우다. 어떤 ETF는 안에 들어 있는 자산이 만들어 내는 수익만으로는 약속한 월배당 금액이 부족할 수 있다. 이때는 자산의 일부를 팔아서 현금을 만들고, 그 돈으로 배당을 준다.

겉으로 보면 똑같이 돈이 들어오니 차이를 느끼기 어렵다. 하지만 속에서는 다른 일이 벌어지고 있다. 자산이 번 돈을 나눠 주는 것과, 자산을 깎아서 나눠 주는 것은 완전히 다르다. 앞의 경우는 남은 자산의 힘이 유지되지만, 뒤의 경우는 시간이 갈수록 덩어리 자체가 줄어든다.

예를 들어 보자. 통장에 1천만 원이 있고, 이 돈이 1년에 50만 원을 벌어다 준다고 하자. 여기서 50만 원을 나눠 쓰는 것은 자연스럽다. 그런데 매년 100만 원을 쓰겠다고 하면, 남는 50만 원은 원금을 깎아서 채워야 한다. 처음에는 티가 안 나지만, 몇 년이 지나면 통장에 남은 돈이 눈에 띄게 줄어든다.

월배당 ETF도 똑같다. 분배금이 ETF가 실제로 버는 돈보다 많으면, 그 차이는 자산을 팔아서 메운다. 이때 우리는 배당을 받는다고 생각하지만, 실제로는 내 자산의 일부를 나눠 받는 것일 수 있다. 그래서 월배당 ETF를 볼 때는 "배당률이 높다"만 보면 안 된다. 이 배당이 이자와 배당에서 나오는지, 아니면 자산을 줄여서 나오는지를 같이 봐야 한다. 이걸 보지 않으면, 배당을 받는 동안 자산의 크기가 조금씩 줄어들어도 알아채기 어렵다.

또 하나 생각해 볼 점은 월배당을 맞추기 위해 자주 사고파는 구조다. 매달 현금을 만들기 위해 거래가 잦아지면, 거래 비용도 더 많이 든다. 이 비용 역시 눈에 잘 보이지 않지만, 결국 수익률에서 빠져나간다.

그래서 어떤 월배당 ETF는 겉으로는 배당을 잘 주는 것처럼 보이지만, 몇 년 뒤 가격을 보면 계속 내려가 있는 경우도 있다. 배당을 받는 동안 자산의 몸집이 계속 줄어들었기 때문이다. 이 경우에는 "배당을 받았으니 괜찮다"라고 말하기 어렵다.

정리하면, 월배당 ETF의 분배금은 크게 두 갈래에서 나온다. 자산이 벌어들인 수익이거나 자산을 팔아서 만든 돈이다. 이 둘은 결과가 완전히 다르다. 앞의 경우는 자산의 힘이 유지되지만, 뒤의 경우는 시간이 갈수록 자산이 약해진다.

월배당 ETF를 고를 때는 "매달 얼마 주느냐"보다 "그 돈이 어디서 나오느냐"를 먼저 봐야 한다. 배당은 기분 좋게 쓰는 보너스일 수 있지만, 자산의 몸통이 줄어드는 방식이라면, 그 보너스는 오래가지 않는다.

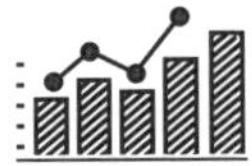

수익률 숫자만 믿었다가
계속 속는 이유

수익률은 계산하는 기준에 따라 전혀 다른 얼굴을 가진다.
숫자 하나만 보면, 실제보다 좋게 보이거나
나쁘게 보이는 일이 자주 생긴다.

투자 화면을 열면 가장 먼저 눈에 들어오는 것이 수익률이다. '+20%' '-5%' 같은 숫자를 보고 우리는 성과를 판단한다. 그런데 이 숫자는 생각보다 단순하지 않다. 수익률은 무엇을 기준으로, 어느 기간을 놓고 계산하느냐에 따라 전혀 다르게 보일 수 있다. 이 차이를 모르면, 숫자에 속기 쉬워진다.

먼저 기간의 문제부터 보자. 어떤 ETF가 최근 1년 수익률이 아주 좋다고 하자. 그런데 3년, 5년으로 늘려서 보면 평범한 경우도 많다. 반대로 최근 1년은 부진해 보여도, 5년 전체로 보면 꾸준히 괜찮은 성과를 낸 경우도 있다. 어느 구간을 잘라 보느냐에 따라 같은 상품이 전혀 다른 얼굴을 보여준다.

다음은 기준의 문제다. 수익률은 "언제 샀느냐"에 따라 사람마다 다르다. 어떤 사람은 고점에서 샀고, 어떤 사람은 저점에서 샀다. 같은 ETF를 들고 있어도 한 사람의 수익률은 플러스이고, 다른 사람의 수익률은 마이너스일 수 있다. 그런데 우리는 남들이 보여주는 수익률 숫자를 보고, 그게 내 결과일 것처럼 착각한다.

또 하나는 배당과 세금의 문제다. 어떤 수익률은 배당을 포함한 숫자이고, 어떤 수익률은 가격만 놓고 계산한 숫자다. 또 어떤 숫자는 세금을 내기 전 기준이고, 실제 내 계좌에 남는 돈은 그보다 적다. 화면에 보이는 수익률이 그대로 내 통장으로 들어오는 돈이라고 생각하면 오해가 생긴다.

비용도 자주 빠진다. 운용보수나 거래 비용은 수익률 표시에 드러나지 않는 경우가 많다. 지수 수익률은 좋아 보이는데, 내 ETF 수익률은 항상 조금 모자란 이유가 여기에 있다.

예를 들어 보자. 어떤 ETF의 '최근 1년 수익률 +30%'라는 문구를 보고 들어갔다고 하자. 그런데 그 30%는 작년에 아주 낮은 가격에서 시작한 기준일 수 있다. 내가 산 시점이 이미 많이 오른 뒤라면, 그 숫자는 내 상황과 거의 관계가 없다. 숫자는 사실인

데, 나에게는 도움이 안 되는 사실일 수 있다.

또 이런 경우도 있다. 어떤 상품이 '연 10% 수익'을 냈다고 홍보한다. 그런데 그 10%는 가장 좋았던 해의 기록이고, 다른 해들은 훨씬 평범하거나 나쁜 성과였을 수도 있다. 좋은 부분만 잘라낸 숫자는 전체 모습을 보여주지 않는다.

그래서 수익률을 볼 때는 숫자 하나만 보고 판단하면 안 된다. 기간이 충분히 긴지, 배당과 비용이 어떻게 반영되었는지, 내가 들어간 시점과 어떤 관계가 있는지를 같이 봐야 한다. 이걸 보지 않으면, 매번 "생각보다 별로네"라는 느낌을 반복하게 된다.

정리하면, 수익률 숫자는 참고 자료일 뿐, 정답이 아니다. 이 숫자를 어떻게 만들었는지, 어떤 조건에서 나온 숫자인지를 같이 봐야 의미가 생긴다. 그렇지 않으면 숫자는 늘 좋아 보이는데, 실제 투자는 답답한 상태가 된다.

ETF 투자에서 중요한 것은 숫자를 보는 눈이다. 수익률이 크나 작으냐보다 그 숫자가 어떤 과정을 거쳐 만들어졌는지를 이해하는 것이 먼저다. 이걸 알게 되면, 숫자에 덜 흔들리고, 훨씬 현실적인 판단을 하게 된다.

이 장은 "얼마나 벌었는가"보다 "얼마나 새지 않았는가"가 결과를 바꾼다는 점을 다룬다. 총보수, 숨은 비용, 환헤지 비용, 원자재 ETF 구조, 세금 체계가 장기 수익률에 미치는 영향을 차근히 설명한다. 특히 미국 ETF 직구와 국내 상장 ETF의 세금 차이, ISA · IRP 같은 계좌 구조의 효과를 비교해 보여준다. 투자 성과의 상당 부분은 종목이 아니라 비용 관리에서 갈린다는 사실을 확인하게 된다.

2장

비용과 세금:
"버는 것보다 안 새는 게 먼저다"

보수 0.01% 차이가
정말 노후를 바꿀까?

보수 0.01%는 1년만 보면 거의 느껴지지 않는다.
하지만 이 차이는 매년 반복되고,
오래 쌓이면 남는 돈의 크기를 바꾼다.

ETF를 고를 때 많은 사람들은 "보수 0.01% 차이가 무슨 의미가 있나"라고 생각한다. 숫자가 너무 작아 보이기 때문이다. 1년에 0.01%면, 1천만 원을 투자해도 1,000원 차이다. 이 정도면 신경 쓸 필요가 없다고 느끼는 것이 자연스럽다. 하지만 이 숫자는 한 번만 내는 돈이 아니라 매년 계속 빠져나가는 돈이라는 점이 다르다.

먼저 보수가 무엇인지부터 생각해 보자. 보수는 ETF를 관리하는 데 드는 비용이다. 이 돈은 따로 결제하는 것처럼 보이지 않지만, ETF 안에서 매일 조금씩 차감된다. 그래서 우리는 체감하지 못한 채, 투자 기간 내내 같은 종류의 비용을 계속 내고 있는 셈이 된다.

우리가 화면에서 보는 수익률에는 이 비용이 따로 표시되지 않는 경우가 많다. 이때 빠져나간 것이 바로 보수다. 눈에 잘 안 보일 뿐, 빠져나가는 속성은 매우 확실하다.

예를 들어 보자. 두 사람이 같은 날, 같은 지수를 따라가는 ETF에 각각 1천만 원씩 투자했다고 하자. 한 사람은 보수 0.20%짜리를 샀고, 다른 한 사람은 0.19%짜리를 샀다. 차이는 0.01%다. 1년 동안의 차이는 1,000원이다. 이 정도면 거의 느끼지 못한다.

하지만 이 차이는 10년 동안 10번, 20년 동안 20번 반복된다. 게다가 이 돈은 단순히 빠져나가는 것으로 끝나지 않는다. 빠져나간 돈은 다시 불어날 기회 자체를 잃는다. 그래서 시간이 갈수록 실제 차이는 단순한 1,000원씩의 합보다 더 커진다.

조금 더 현실적인 장면을 생각해 보자. 같은 시장, 같은 방향으로 움직였다고 하자. 그래도 보수가 조금 더 싼 ETF를 고른 쪽은 매년 아주 조금씩 더 많은 돈을 계좌에 남긴다. 이 차이는 해마다 눈에 띄지 않게 쌓인다. 하지만 10년, 20년이 지나고 나서 보면, 계좌의 크기가 다르게 보이는 경우가 생긴다.

이 차이는 투자를 더 잘해서 생긴 게 아니다. 그냥 중간에서 빠져나간 돈이 더 적었기 때문에 생긴 차이다. 같은 길을 갔는데, 한쪽은 매년 조금씩 새고, 다른 한쪽은 덜 샌 것이다.

"그래도 요즘 ETF 보수는 다 비슷하지 않나?"라고 생각할 수도 있다. 실제로 예전보다는 전체적으로 많이 낮아졌다. 하지만 같은 지수를 따라가는 ETF끼리 비교해 보면, 여전히 0.01%나 0.02% 정도의 차이는 흔하다.

따라서 ETF를 고를 때는 "이게 유명한 상품인가"보다 "같은 지수를 따라간다면, 보수가 더 싼 쪽은 어느 쪽인가"를 한 번 더 보는 게 합리적이다. 물론 보수 하나만 보고 결정할 수는 없다. 하지만 조건이 비슷하다면, 보수가 싼 쪽이 장기적으로 남는 돈이 더 많을 가능성이 높다.

보수 0.01%는 1년만 보면 아무 일도 아닌 것처럼 보인다. 하지만 이 차이는 매년 반복되고, 투자 기간 전체에 걸쳐 계속 작동한다. 그래서 노후처럼 긴 시간을 두고 돈을 모으는 투자에서는, 이 작은 차이가 결국 결과의 크기를 바꾸는 힘을 갖게 된다.

ETF 투자에서 중요한 것은 많이 벌 기회를 찾는 것만이 아니다. 이미 벌고 있는 돈이 쓸데없이 새지 않게 막는 것도 똑같이 중요하다. 보수 0.01% 차이는 그중에서도 가장 쉽게 관리할 수 있는 부분이다.

겉으로 안 보이는 수수료,
어떻게 골라낼까?

ETF에는 운용보수 말고도 여러 비용이 숨어 있다.
이 비용들은 눈에 잘 안 보이지만,
수익률에서는 분명히 빠져나간다.

ETF를 고를 때 대부분 사람들은 운용보수만 본다. "보수 0.1%면 싼 편이네" 하고 넘어간다. 하지만 실제로는 보수 말고도 돈이 빠져나가는 길이 몇 개 더 있다. 이 비용들은 따로 청구서가 오지 않아서 투자자는 잘 느끼지 못한다.

먼저 가장 흔한 것이 매매할 때 생기는 비용이다. ETF는 주식처럼 사고판다. 그런데 살 때 가격과 팔 때 가격은 항상 같지 않다. 보통 살 때는 조금 비싸고, 팔 때는 조금 싸다. 이 차이를 스프레드라고 한다. 이 차이는 거래할 때마다 자동으로 내가 부담하는 비용이다.

다음은 ETF 안에서 일어나는 거래 비용이다. ETF는 지수를 따라가거나 정해진 규칙에 맞춰 종목을 바꾼다. 이때 주식을 사고 팔면서 비용이 든다. 이 비용은 운용보수처럼 따로 표시되지 않지만, ETF 안에서 수익률을 조금씩 깎아먹는다.

또 하나는 추적 오차다. ETF는 지수를 그대로 따라가려고 하지만, 현실에서는 완전히 똑같이 움직이기 어렵다. 현금을 조금 들고 있기도 하고, 종목을 바꾸는 시점도 차이가 난다. 이 차이 때문에 지수보다 항상 조금씩 못한 성과가 나는 경우가 많다. 이 역시 보이지 않는 비용과 비슷한 역할을 한다.

해외 ETF나 해외 자산 ETF에는 환전과 관련된 비용도 있다. 환헤지가 있든 없든, 환율을 바꾸는 과정에서 생기는 비용이 있고, 이 역시 눈에 잘 드러나지 않는다. 이렇게 보면, ETF에는 보수 말고도 여러 층의 비용이 겹쳐 있다. 문제는 이 비용들이 한 번에 크게 보이지 않고, 매일 조금씩 빠져나간다는 점이다. 그래서 투자자는 "별일 없네"라고 느끼지만, 시간이 지나면 결과에서 차이가 난다.

그럼 이런 비용은 어떻게 확인할 수 있을까. 먼저 총보수 말고 '총비용'이라는 개념을 봐야 한다. 어떤 자료에는 '총보수' 말고

'총비용비율' 같은 항목이 적혀 있다. 이 수치에는 운용보수 말고, ETF 안에서 실제로 빠져나간 여러 비용이 함께 반영돼 있다.

또 하나는 같은 지수를 따라가는 ETF끼리 실제 수익률을 비교해 보는 것이다. 구조가 비슷한데도, 몇 년 수익률이 계속 벌어져 있다면, 그 차이의 상당 부분은 비용에서 새고 있을 가능성이 크다. 이 비교는 생각보다 많은 걸 알려 준다.

거래량도 중요하다. 거래량이 적은 ETF는 살 때 비싸고, 팔 때 싸게 거래될 가능성이 높다. 즉, 사고파는 순간마다 손해를 더 볼 확률이 높다. 이 역시 장기적으로 보면 분명한 비용이 된다.

정리하면, ETF 비용은 운용보수 하나로 끝나지 않는다. 스프레드, 내부 거래 비용, 추적 오차, 환전 관련 비용 같은 것들이 겹쳐서 수익률을 깎아먹는다. 이 중 대부분은 눈에 잘 보이지 않는 형태로 빠져나간다.

그래서 ETF를 고를 때는 '보수 몇 퍼센트'만 보고 결정하면 안 된다. 비슷한 ETF끼리 장기 수익률을 비교하고, 총비용이 어느 쪽이 더 적은지를 같이 봐야 한다. 그래야 "겉으로는 싼데, 실제로는 비싼 ETF"를 피할 수 있다.

환헤지 비용,
나도 모르게 얼마나 내고 있을까?

**환헤지는 환율 변동을 막아 주지만, 그 대가로 비용을 계속 낸다.
이 비용은 눈에 잘 보이지 않지만,
오래 쌓이면 수익률을 분명히 깎아먹는다.**

해외 자산 ETF를 보다 보면 이름 뒤에 (H)라는 글자가 붙은 것을 본 적이 있을 것이다. 이게 바로 환헤지다. 환헤지는 환율이 오르내리는 영향을 줄여 주는 장치다. 달러가 떨어져도 손해를 줄이고, 올라가도 영향이 덜 오게 만든다. 그래서 "안전해 보인다"는 느낌을 준다.

하지만 이 장치는 공짜가 아니다. 환헤지를 유지하려면 계속 비용이 든다. 이 비용은 따로 청구서로 나오지 않는다. ETF 안에서 매일 조금씩 빠져나간다. 그래서 투자자는 체감하지 못한 채, 수익률이 조금씩 깎인다.

먼저 환율이 어떻게 작용하는지부터 보자. 미국 주식 ETF를 샀다고 하자. 미국 주식이 그대로인데도, 달러 값이 떨어지면 원화 기준 내 수익은 줄어든다. 반대로 달러 값이 오르면, 주식이 그대로여도 원화 기준 수익은 늘어난다. 이게 환율 효과다.

환헤지 ETF는 이 변화를 막으려고 한다. 주식 가격 변화만 남기고, 환율 변화는 최대한 지우려는 구조다. 이 목적 자체는 이해하기 쉽다. 문제는 이걸 유지하기 위해 계속 비용을 지불해야 한다는 점이다.

이 비용은 주로 금리 차이와 계약 비용에서 생긴다. 한국과 미국의 금리가 다르면, 그 차이를 메우는 비용이 발생한다. 또 환율을 고정하기 위한 계약을 운영하는 데도 비용이 든다. 이런 것들이 합쳐져서 환헤지 비용이라는 형태로 ETF 수익률에서 빠져나간다. 이 비용은 "이번 달에 얼마 냈습니다"라고 표시되지 않는다. 대신 ETF 가격이 지수보다 조금씩 덜 오르는 형태로 나타난다.

예를 들어 보자. 같은 미국 주식 지수를 따라가는 ETF가 두 개 있다고 하자. 하나는 환헤지, 하나는 환노출이다. 주식 시장이 비슷하게 움직였는데도, 몇 년 뒤 수익률을 보면 환헤지 쪽이 꾸준히 조금씩 낮은 경우가 많다. 이 차이의 상당 부분이 바로 환헤지 비용 때문이다.

물론 환헤지가 도움이 되는 시기도 있다. 달러 가치가 크게 떨어질 때는 환노출 ETF는 환율 때문에 손해를 더 볼 수 있다. 이때 환헤지는 방어 역할을 한다. 하지만 이 효과가 언제, 얼마나 나타날지는 미리 정확히 알 수 없다.

반대로 말하면, 환헤지를 쓰는 동안에는 비용을 매일 확실하게 내고 있는 셈이다. 환율이 내 편이 되든, 안 되든, 비용은 계속 나간다. 그래서 장기 투자에서는 이 비용이 누적되어 눈에 보이는 차이로 나타나는 경우가 많다.

그래서 환헤지 ETF를 고를 때는 "안전해 보인다"는 생각만으로 결정하면 안 된다. 내가 이 환율 위험을 정말 피해야 하는 상황인지, 그리고 그 대가로 계속 비용을 내는 게 맞는지를 같이 생각해야 한다.

정리하면, 환헤지는 환율 변동을 줄여 주는 대신 수익률을 조금씩 깎는 장치다. 단기로는 마음이 편할 수 있지만, 장기로는 비용이 계속 쌓인다. 그래서 환헤지는 '항상 좋은 선택'도 아니고, '항상 나쁜 선택'도 아니다. 어떤 위험을 감수하고, 어떤 비용을 낼지에 대한 선택이다.

원자재 ETF,
왜 들고만 있어도 손해 보기 쉬울까?

원자재 ETF는 가격이 안 움직여도
비용 때문에 수익률이 깎일 수 있다. 특히 선물 구조를 쓰는
상품은 시간이 지날수록 불리해지기 쉽다.

원자재 ETF는 금, 은 원유 같은 것에 투자하는 상품이다. "원자재 가격이 오르면 같이 오르겠지"라고 생각하고 사는 사람이 많다. 그런데 실제로는 가격이 크게 변하지 않았는데도, 계좌는 조금씩 줄어드는 경우가 자주 있다.

먼저 중요한 점은 많은 원자재 ETF가 실제 원자재를 창고에 쌓아 두는 방식이 아니라 '선물'이라는 계약을 이용한다는 것이다. 선물은 "나중에 이 가격에 사겠다"는 약속이다. 이 약속은 만

기가 있어서 시간이 지나면 새 계약으로 바꿔야 한다.

이 바꾸는 과정에서 비용이 생긴다. 보통 만기가 가까운 계약은 싸지고, 더 먼 만기의 계약은 비싼 경우가 많다. 그래서 기존 계약을 팔고, 새 계약을 사는 순간 비싸게 갈아타는 구조가 된다. 이때 생기는 손해를 롤오버 비용이라고 부른다. 이 비용은 따로 표시되지 않는다. ETF 가격이 지수보다 조금씩 덜 오르거나 가만히 있어도 조금씩 내려가는 형태로 나타난다.

예를 들어 보자. 원유 가격이 몇 달 동안 비슷한 수준에서 왔다 갔다 했다고 하자. 뉴스에서는 "원유 가격은 큰 변화 없음"이라고 나온다. 그런데 원유 ETF를 들고 있던 사람의 계좌는 조금씩 줄어들어 있을 수 있다. 이 차이의 상당 부분이 바로 선물 교체 과정에서 생긴 비용이다.

여기에 운용보수와 거래 비용까지 더해진다. 그러면 원자재 가격이 조금 오르지 않는 한, 계좌는 계속 불리한 방향으로 움직이기 쉬운 구조가 된다. 그래서 원자재 ETF는 "들고만 있어도 손해보기 쉽다"는 말을 듣는다.

물론 모든 원자재 ETF가 다 같은 것은 아니다. 금처럼 실물을 보관하는 방식을 쓰는 ETF는 구조가 좀 다르다. 이런 경우에는 선물 교체 비용 문제는 줄어든다. 하지만 이 경우에도 보관 비용과 관리 비용이 들어간다.

또 한 가지 문제는 많은 사람이 "원자재 가격이 오르면, ETF도 똑같이 오를 것"이라고 단순하게 생각한다는 점이다. 하지만 선물 구조 ETF는 가격 방향이 맞아도 과정에서 비용 때문에 결과가 달라질 수 있다.

그래서 원자재 ETF는 장기 보유용으로 설계된 상품이 아닌 경우가 많다. 짧은 기간 동안 특정 가격 변동에 대응하기 위한 도구에 더 가깝다. 이걸 모르고, "주식 ETF처럼 그냥 오래 들고 가면 되겠지"라고 생각하면, 결과가 생각과 다르게 나오는 경우가 많다.

정리하면, 원자재 ETF는 가격이 그대로여도, 구조 때문에 수익률이 조금씩 깎일 수 있는 상품이다. 특히 선물 기반 ETF는 시간이 지날수록 불리한 쪽으로 작동하기 쉽다. 그래서 원자재 ETF를 살 때는 "이게 선물형인지, 실물형인지", 그리고 오래 들고 갈 상품인지, 잠깐 쓰는 도구인지를 먼저 구분해야 한다. 이런 것들을 모르고 사면, 가격 방향을 맞혀도 결과는 만족스럽지 않을 수 있다.

배당을 다시 넣으면,
복리는 실제로 얼마나 커질까?

배당을 쓰지 않고 다시 투자하면,
이익 위에 이익이 쌓이는 구조가 된다.
처음에는 차이가 작아 보여도, 시간이 지날수록 격차는 빠르게 벌어진다.

ETF나 주식을 들고 있으면 배당이 들어올 때가 있다. 이 돈을 바로 써버릴 수도 있고, 다시 투자에 넣을 수도 있다. 이 둘의 차이는 처음에는 거의 느껴지지 않는다. 하지만 시간이 지나면 계좌의 크기를 다르게 만드는 결정이 된다.

배당을 쓰지 않고 다시 투자하면, 다음부터는 더 커진 돈이 수익을 만든다. 즉, 원금만 일하는 게 아니라 예전에 벌어둔 이익도 같이 일하기 시작한다. 이게 바로 복리다.

예를 들어 보자. 1천만 원을 투자해서 매년 5%씩 수익이 난다고 하자. 첫 해에는 50만 원이 늘어난다. 여기서 이 50만 원을 써버리면, 다음 해에도 여전히 1천만 원만 일한다. 하지만 이 50만 원을 다시 넣어 두면, 다음 해에는 1,050만 원이 일한다. 그리고 그 다음 해에는 더 커진 돈이 다시 일한다.

처음 몇 년은 차이가 거의 없어 보인다. 그래서 "굳이 다시 넣어야 하나?"라는 생각이 들기도 한다. 하지만 이 차이는 해마다 조금씩 벌어지다가, 어느 순간 눈에 띄게 커진다. 이게 복리의 특징이다.

조금 더 긴 시간을 놓고 생각해 보자. 같은 1천만 원으로 시작해서 같은 수익률을 냈다고 하자. 한 사람은 배당을 매번 써버렸고, 다른 한 사람은 전부 다시 투자했다. 10년, 20년이 지나면, 두 사람의 계좌 크기는 꽤 다른 모습이 되어 있을 가능성이 높다.

이 차이는 투자 실력 때문이 아니다. 그냥 번 돈을 다시 일하게 했느냐, 아니면 중간에서 멈췄느냐의 차이다. 물론 배당을 쓰는 것이 항상 나쁘다는 뜻은 아니다. 생활비로 필요할 수도 있고, 다른 곳에 써야 할 수도 있다. 하지만 '자산을 키우는 목적'이라면, 배당을 다시 넣는 쪽이 구조적으로 훨씬 유리하다.

또 한 가지 중요한 점은 이 효과는 시간이 길수록 훨씬 강해진다는 것이다. 2~3년 정도로는 체감이 약하다. 하지만 10년, 20년으로 가면, 중간에 배당을 꺼내 쓰지 않은 쪽이 훨씬 앞서 있는 경우가 많다. 그래서 장기 투자에서는 "얼마를 벌었나"보다 "번 돈을 어떻게 썼나"가 결과를 크게 바꾼다. 같은 수익률을 올려도, 복리를 쓰는 쪽과 쓰지 않는 쪽의 결과는 다르게 나온다.

ETF 중에는 자동으로 배당을 다시 투자해 주는 상품도 있고, 현금으로 주는 상품도 있다. 어떤 방식을 고를지는 목적에 따라 다르다. 다만 자산을 키우는 단계라면, 다시 투자되는 구조가 훨씬 유리하다는 점은 분명하다.

정리하면, 복리는 마법이 아니라 구조다. 번 돈을 다시 일하게 만드는 구조다. 이 구조를 쓰느냐 안 쓰느냐에 따라 같은 재료로 전혀 다른 결과가 나온다.

ETF 투자에서 큰 차이는 대단한 종목을 맞혀서 생기기보다 이런 기본적인 구조를 쓰느냐 안 쓰느냐에서 생기는 경우가 훨씬 많다. 배당을 다시 넣는다는 선택은 그중에서도 가장 단순하지만 가장 강력한 차이 중 하나다.

미국 ETF 직접 살까, 한국 ETF로 살까? 세금은 누가 더 낼까?

**같은 미국 지수에 투자해도, 어디에서 사느냐에 따라
세금과 비용 구조가 달라진다. 장기적으로는 상품 차이보다
세금과 계좌 구조 차이가 결과를 바꾸는 경우가 많다.**

미국 지수에 투자하려고 하면 선택지가 두 가지로 나뉜다. 하나는 미국에 상장된 ETF를 직접 사는 방법이고, 다른 하나는 한국에 상장된 미국 지수 ETF를 사는 방법이다. 둘 다 같은 시장을 바라보는 상품처럼 보이지만, 세금과 거래 구조는 꽤 다르다.

먼저 미국 ETF를 직접 사는 경우를 보자. 이 방식은 달러로 거래한다. 배당이 나오면 미국에서 먼저 세금을 뗀다. 그리고 매매

로 생긴 이익에는 양도소득세가 붙는다. 즉, 배당과 매매 차익이 각각 다른 방식으로 과세되는 구조다.

반면, 한국에 상장된 미국 ETF를 사는 경우는 국내 세금 체계 안에서 한 번에 정리되는 구조에 가깝다. 배당이든 매매 차익이든, 국내 기준으로 과세가 된다. 투자자는 미국 세금 절차를 직접 신경 쓰지 않아도 된다.

겉으로 보면, 미국 ETF 쪽이 보수가 더 싼 경우가 많다. 그래서 "직구가 항상 유리한 것 아닌가?"라고 생각하기 쉽다. 하지만 보수만 보고 판단하면, 세금에서 결과가 뒤집히는 경우도 생긴다.

예를 들어 보자. 어떤 사람은 "보수가 싸다"는 이유로 미국 ETF를 샀다. 몇 년 뒤, 배당에 붙은 세금과 매매 차익에 붙은 세금을 모두 계산해 보니, 생각보다 손에 남는 돈이 적은 경우가 있다. 반대로 국내 ETF는 보수가 조금 비싸 보여도, 세금까지 포함한 최종 결과로 보면 더 나은 경우도 있다.

여기에 환전 비용도 더해진다. 미국 ETF를 직접 사면, 원화를 달러로 바꾸고, 나중에 다시 원화로 바꾸는 과정을 거친다. 이때마다 작은 비용이 생긴다. 이 비용은 한 번은 작아 보이지만, 거래가 쌓이면 분명한 차이가 된다.

또 하나 중요한 것은 계좌의 종류다. ISA나 연금 계좌처럼 세제 혜택이 있는 계좌를 쓴다면, 국내 상장 ETF 쪽이 구조적으로 더 쓰기 쉬운 경우가 많다. 반대로 이런 계좌를 쓰지 않고, 일반 계좌에서 큰 금액을 오래 굴리는 경우에는 미국 ETF가 더 유리해질 수도 있다.

즉, 이 선택에는 '정답'이 없다. 같은 미국 지수에 투자해도, 내가 쓰는 계좌, 투자 기간, 투자 규모에 따라 유리한 쪽이 달라진다. 그래서 이 문제는 '상품 비교'가 아니라 '내 상황 점검'의 문제에 가깝다. 많은 사람들이 이걸 모르고, "남들이 많이 사니까" 혹은 "보수가 싸니까"라는 이유만으로 결정한다. 그러다 나중에 세금 정산을 해 보고 나서야, 결과가 생각과 다르다는 걸 알게 되는 경우가 많다.

정리하면, 미국 ETF 직구와 국내 상장 ETF는 겉보기에는 비슷하지만, 돈이 빠져나가는 길은 다르다. 보수만 보면 한쪽이 좋아 보일 수 있고, 세금만 보면 다른 쪽이 좋아 보일 수 있다. 둘을 같이 놓고 봐야 실제로 남는 쪽을 고를 수 있다.

그래서 이 질문을 이렇게 바꿔야 한다. "어느 ETF가 더 좋을까?"가 아니라 "나는 어떤 계좌에서 얼마나 오래, 어떤 방식으로 들고 갈 건가?" 이 질문에 대한 답이 먼저 정해져야, 어느 쪽이 더 맞는 선택인지 판단할 수 있다.

ISA 계좌,
환급금은 왜 생기고 어디서 나올까?

ISA에서 보이는 환급금은 새로 생긴 수익이 아니라
이미 냈던 세금을 다시 돌려받은 돈이다.
어떤 거래에서 어떤 세금이 먼저 빠졌는지를 알면, 이 숫자의 정체가 보인다.

ISA 계좌는 투자할 때 세금을 줄여 주는 특별한 통장이다. 이 통장 안에서 번 돈은 세금을 적게 내거나 아예 안 내는 혜택이 있다. 그래서 같은 ETF를 사도, ISA 안에서 사면 더 많이 남을 수 있다.

ISA 계좌를 쓰다 보면 어느 날 '환급금'이라는 항목이 찍힌다. 처음 보면 보너스처럼 느껴질 수 있다. 하지만 이 돈은 갑자기 생긴 이익이 아니라 예전에 이미 냈던 세금을 다시 계산해서 돌려받은 것이다. 성격부터가 수익과는 다르다.

투자에서 생기는 이익에는 보통 세금이 붙는다. 그런데 이 세금은 항상 마지막에 한 번만 정리되는 게 아니다. 어떤 경우에는 돈이 들어올 때 먼저 떼고 들어오는 구조도 있다. 이게 환급금이 생기는 출발점이다. 대표적인 예가 해외 자산에서 나오는 배당이다. 이 배당은 계좌로 들어오기 전에 이미 세금이 빠진 상태로 들어온다. 투자자가 선택할 수 있는 문제가 아니다. 시스템상 그렇게 처리된다.

ISA 계좌는 여기서 한 번 더 정리를 한다. 계좌 안에서 난 전체 손익을 다시 계산해서 처음에 너무 많이 낸 세금이 있으면 그 일부를 돌려준다. 이때 계좌에 찍히는 돈이 바로 환급금이다. 그래서 환급금은 새로 번 돈이 아니라 내 돈을 다시 받는 것에 가깝다. 느낌은 보너스 같지만, 실제로는 세금 정산의 결과다.

또 다른 경우도 있다. ISA는 계좌 안에서 난 이익과 손실을 서로 합쳐서 과세 기준을 잡는다. 그런데 거래를 할 때는 일단 세금을 떼고 처리되는 경우도 있다. 나중에 전체를 다시 계산해 보니 처음에 떼 간 세금이 많았다는 게 드러나면, 그 차이를 돌려준다.

이 과정은 대부분 자동으로 처리된다. 투자자가 따로 신청하지 않아도, 정산 시점이 되면 계좌에 숫자가 찍힌다. 그래서 어느 날 갑자기 환급금이 생긴 것처럼 보인다.

중요한 점은 환급금이 있다고 해서 투자 성과가 더 좋아진 건 아니라는 것이다. 이건 세금을 다시 맞춘 결과일 뿐이다. 반대로 환급금이 없다고 해서 손해를 본 것도 아니다. 처음부터 덜 떼고 지나갔다면, 돌려받을 것도 없는 것이다. 즉, 환급금의 유무는 투자 실력의 문제가 아니라 세금 처리 과정의 문제다. 그래서 이 숫자를 보고 성과를 판단하면, 상황을 잘못 해석하게 된다.

많은 사람이 이걸 모르고, "환급금이 생겼으니 뭔가 이득을 봤나 보다"라고 생각한다. 하지만 실제로는 이미 냈던 돈이 돌아온 것일 뿐, 투자 결과가 좋아졌다는 뜻은 아니다.

정리하면, ISA의 환급금은 하늘에서 떨어진 돈이 아니다. 이미 냈던 세금을 다시 계산해서 많이 낸 부분을 돌려받은 것이다. 그래서 이 돈의 성격은 보너스가 아니라 정산이다. "환급금이 생겼다"가 아니라 "세금을 다시 맞췄다"는 것이다. 이 차이를 알고 보면, 계좌에 찍히는 숫자를 훨씬 차분하게 받아들이게 된다.

ETF 투자에서 ISA의 장점은 세금을 한 번 더 유리하게 정리해준다는 점이다. 환급금은 그 구조가 눈에 보이는 형태로 나타난 결과 중 하나일 뿐이다.

IRP 70% 제한,
똑똑한 사람들은 어떻게 피해 갈까?

**IRP는 위험자산을 70%까지만 담을 수 있게 막아 둔다.
하지만 구조를 이해하면,
이 제한 안에서도 운용 방식의 차이를 만들 수 있다.**

IRP 계좌는 노후에 쓸 돈을 모으기 위해 만드는 연금 전용 통장이다. 이 통장에 넣은 돈은 세금을 아끼는 혜택을 받으면서 투자할 수 있다.

IRP 계좌를 만들면 먼저 듣는 말이 있다. "위험자산은 70%까지만 담을 수 있습니다." 주식이나 주식형 ETF를 많이 담고 싶은 사람에게는 답답하게 들리는 규칙이다. 그래서 어떤 사람은 "그럼 IRP는 수익을 내기 어려운 계좌 아니야?"라고 생각한다.

먼저 이 규칙이 왜 있는지부터 보자. IRP는 노후 자금을 위한 계좌다. 그래서 한쪽으로 너무 위험하게 쏠리지 않도록, 구조적으로 브레이크를 걸어 둔 것이다. 투자자가 한 번에 크게 흔들리는 걸 막기 위한 장치다.

이 규칙에서 말하는 '위험자산 70%'는 주식이나 주식형 ETF 같은 변동성이 큰 자산의 비중을 뜻한다. 나머지 30%는 채권형이나 현금성 자산 같은 상대적으로 안정적인 자산으로 채워야 한다. 그래서 겉으로 보면 선택지가 단순해 보인다. '주식 70%, 나머지 30%는 채권'이다. 그런데 실제로는 이 70% 안을 어떻게 채우느냐에 따라 성격이 크게 달라질 수 있다.

예를 들어 보자. 같은 70%를 주식형 ETF로 채우더라도, 어떤 사람은 변동성이 큰 성장주 중심 ETF로 채울 수 있고, 어떤 사람은 전 세계에 분산된 ETF로 채울 수도 있다. 숫자는 똑같이 70%지만, 위험의 성격과 움직임은 전혀 다르다.

또 하나 중요한 건, 나머지 30%를 어떻게 쓰느냐다. 이 30%를 그냥 가만히 두느냐, 아니면 주식 비중이 흔들릴 때 완충 역할을 하도록 설계하느냐에 따라 계좌의 움직임은 상당히 달라진다.

여기서 많은 사람들이 오해하는 게 있다. "70%밖에 못 담으면, 항상 답답한 수익률만 나오는 것 아닌가?"라는 생각이다. 하지만 IRP는 세제 혜택이 붙는 계좌다. 즉, 같은 수익률이라도 세금을 덜 내는 구조다. 그래서 계좌 전체로 보면, 단순 비교보다 결과가 나아지는 경우도 많다.

이 계좌는 자주 사고파는 용도가 아니다. 장기간 쌓아 가는 계좌다. 이럴 때는 큰 변동을 줄이고, 오래 버티는 구조가 오히려 유리해지는 경우도 많다. 70% 제한은 이런 관점에서 보면, 발목을 잡는 족쇄라기보다 안전벨트에 가깝다.

그렇다고 해서 아무 생각 없이 채워도 된다는 뜻은 아니다. 같은 규칙 안에서도, 어떤 자산을 고르느냐에 따라 결과는 크게 달라진다. 그래서 "제한이 있다"보다 "제한 안에서 어떻게 설계할 것인가"가 더 중요하다.

또 하나 현실적인 포인트는 계좌를 나눠 쓰는 전략이다. IRP는 IRP대로 노후용 안정 자금으로 굴리고, 일반 계좌나 ISA에서 더 공격적인 투자를 병행하는 방식이다. 이렇게 하면, 각 계좌의 성격에 맞는 역할 분담이 된다.

정리하면, IRP의 70% 제한은 피해야 할 함정이 아니라 이해하고 써야 할 규칙이다. 이 규칙 안에서도 구성에 따라 전혀 다른 계좌를 만들 수 있다. IRP는 그 구조를 이해할수록 단점보다 장점이 더 또렷해지는 계좌다.

돈을 많이 버는 사람일수록
절대 사면 안 되는 ETF

세금이 더 붙는 사람일수록 구조가 나쁜 ETF의
손해가 더 크게 느껴진다. 같은 상품이라도,
소득 구간에 따라 '괜찮은 ETF'와 '피해야 할 ETF'가 갈린다.

ETF는 누구에게나 똑같아 보인다. 그래서 많은 사람들은 "좋은 ETF는 누구에게나 좋은 ETF"라고 생각한다. 하지만 실제로는 소득이 높아질수록 피해야 할 ETF가 따로 생긴다.

이유는 세금이다. 소득이 많아질수록 투자에서 나오는 돈에 붙는 세금의 영향이 더 커진다. 같은 수익률이라도, 세금 구조가 나쁜 상품을 들고 있으면, 손에 남는 돈의 차이가 크게 벌어진다.

대표적인 예가 분배금을 많이 주는 ETF다. 이런 ETF는 겉으로 보면 현금 흐름이 좋아 보인다. 하지만 분배금은 나올 때마다 세금이 붙는다. 소득이 높아질수록 이 세금의 부담은 더 무겁게 느껴진다.

예를 들어 보자. 어떤 ETF는 매년 많은 분배금을 준다. 이 돈은 받을 때마다 과세된다. 즉, 돈이 계좌에 들어오기도 전에 먼저 깎인다. 자산을 키우는 단계에 있는 사람에게는 이 구조가 생각보다 불리하게 작용한다.

반대로 가격이 오르는 방식으로 수익이 쌓이는 ETF는 팔기 전까지는 세금이 미뤄진다. 즉, 세금을 내기 전까지 돈이 계속 안에서 불어나는 구조다. 이 차이는 시간이 갈수록 크게 느껴진다.

또 하나 조심해야 할 것은 세금이 복잡하게 여러 번 붙는 구조의 ETF다. 어떤 상품은 안에서 이미 한 번 세금을 맞고, 밖으로 나올 때 또 한 번 과세가 이어진다. 이런 구조는 소득이 높을수록 이중으로 부담이 커진다.

이런 상품들은 수익률 표만 보면 괜찮아 보일 수 있다. 하지만 세금까지 포함한 '실제 손에 남는 돈'을 기준으로 보면, 결과가 크게 달라지는 경우가 많다.

여기에 금융소득이 일정 기준을 넘으면, 세금 체계 자체가 더 불리해지는 구간도 생긴다. 이 구간에 들어간 사람은 작은 구조 차이 하나에도 결과가 크게 달라진다. 그래서 '남들 다 사는 ETF'

가, 나에게는 특히 불리한 ETF가 되는 경우도 생긴다.

중요한 점은 이건 상품의 좋고 나쁨의 문제가 아니라 '누가 들고 있느냐'의 문제라는 것이다. 같은 ETF라도, 어떤 사람에게는 괜찮고, 어떤 사람에게는 피해야 할 선택이 된다. 그래서 소득이 많아질수록 ETF를 고를 때 수익률보다 세금 구조를 먼저 봐야 하는 이유가 여기 있다. "얼마나 벌었나"보다 "얼마가 남았나"가 훨씬 중요해진다.

정리하면, 돈을 많이 버는 사람일수록 세금이 자주 많이 나가는 구조의 ETF는 불리하다. 분배금을 자주 주는 구조, 세금이 여러 번 겹치는 구조는 장기적으로 계좌를 갉아먹는 방향으로 작동하기 쉽다.

이제는 다음과 같은 질문이 중요하다. "이 ETF 수익률이 좋을까?"가 아니라 "이 ETF를 내가 들고 있으면, 세금까지 계산했을 때 얼마나 남을까?"다. 이 질문을 통과하지 못하는 ETF는 소득이 높아질수록 더 빨리 멀어지는 게 맞다.

ETF 투자에서 상품만 보는 시대는 지났다. 이제는 '내 위치에서 이 상품이 맞는가'를 먼저 따져봐야 한다. 특히 소득이 높은 사람일수록 이 기준은 선택이 아니라 필수이다.

수익률 1등보다
내 통장에 남는 ETF가 진짜다

수익률 표에서의 1등은 내 계좌의 1등과 다를 수 있다.
세금과 비용을 지나고 나서 남는 돈이 진짜 성적표다.

ETF를 고를 때 많은 사람들은 수익률 순위표부터 본다. '최근 1년 1등', '3년 수익률 상위' 같은 말이 눈에 먼저 들어온다. 그런데 이 숫자는 내가 실제로 손에 쥐는 돈과 그대로 이어지지 않는 경우가 많다. 겉으로 보이는 순위와, 계좌에 남는 결과가 다르게 나오는 이유가 있다.

먼저 수익률 표가 무엇을 기준으로 만들어졌는지부터 보자. 대부분의 수익률 표는 비용과 세금이 빠지기 전의 숫자를 기준으로 한다. 즉, "상품이 얼마나 잘 움직였는가"만 보여주고, 그 과정에서 얼마가 새는지는 따로 보여주지 않는 경우가 많다.

먼저 비용을 보자. 운용보수, 매매 과정에서 생기는 비용, 스프레드 같은 것들은 수익률 표에 크게 드러나지 않는다. 하지만 이 비용들은 ETF 안에서 매일 조금씩 빠져나간다. 하루하루는 잘 느껴지지 않지만, 시간이 쌓이면 분명한 차이가 된다.

다음은 세금이다. 어떤 ETF는 분배금을 받을 때마다 세금이 먼저 빠지고, 어떤 ETF는 팔 때 한 번에 세금이 정리된다. 이 차이는 수익률 표에는 거의 보이지 않지만, 내 통장에 남는 돈의 크기에는 분명한 차이를 만든다.

예를 들어 보자. 수익률 표에서는 A가 B보다 항상 조금씩 앞서 있다. 그런데 A는 분배금을 자주 주는 구조이고, B는 가격이 오르는 방식으로 수익이 쌓이는 구조라고 하자. 몇 년이 지나서 세금까지 포함해 계산해 보면, 오히려 B 쪽에 더 많은 돈이 남아 있는 경우도 생긴다.

또 어떤 상품은 안에서 이미 한 번 비용이 새고, 밖으로 나올 때 또 한 번 세금이 붙는다. 이런 구조는 수익률 표에서는 괜찮아 보이지만, 실제로는 중간에서 계속 깎이는 상품이 된다. 시간이 갈수록 체감 차이는 더 커진다. 그래서 '수익률 1등'이라는 말은 참고 자료일 뿐이다. 이 숫자가 어떤 조건에서 어떤 방식으로 계산된 것인지를 같이 보지 않으면, 판단이 쉽게 어긋난다. 숫자만 보면 항상 좋은 선택을 한 것 같은데, 결과는 늘 답답해지는 이유가 여기에 있다.

이쯤에서 기준을 바꿀 필요가 있다. 중요한 질문은 이것이다. "이 상품을 들고 있었을 때, 세금과 비용을 다 내고 나서 내 계좌에 실제로 얼마가 남았는가?" 이 질문에 대한 답이 진짜 성적표다.

이 기준으로 보면, 선택이 바뀌는 경우가 많다. 보수가 조금 더 싼 쪽, 세금이 덜 자주 나가는 구조, 괜히 사고팔 필요 없는 단순한 구조가 장기적으로 더 좋은 결과를 만드는 경우가 많다. 수익률 표에서 몇 위를 했는지는 그다음 문제다.

정리하면, ETF 투자의 목표는 수익률 표에서 1등을 고르는 것이 아니라 내 통장에 돈을 가장 많이 남기는 구조를 고르는 것이다. 이 둘은 생각보다 자주 어긋난다. 그래서 수익률 순위표는 출발점일 뿐, 결론이 되면 안 된다. 수익률 표의 1등보다 내 계좌의 1등이 무엇보다 더 중요하다.

이 장은 ETF 투자에서 사람들이 가장 두려워하지만 잘 모르는 위험을 정리한다. ETF 상장 폐지, 운용사 위험, ETN과 ETF의 차이, 합성 ETF 구조를 사실에 기반해 설명한다. 레버리지와 인버스 ETF가 왜 오래 들고 가면 망가지는지도 계산 구조로 풀어낸다. 또한 거래량 부족, 괴리율 확대, 폭락장에서의 심리 문제까지 다루며, 크게 잃지 않기 위한 최소한의 안전 기준을 제시한다.

위험과 멘탈:
"크게 잃지 않으면, 결국 이긴다"

ETF가 사라지면,
내 돈도 같이 사라질까?

ETF가 상장폐지되거나 운용사가 바뀌어도,
투자자의 자산이 바로 사라지지 않는다. ETF 안의 자산이 어떻게 보관되고,
어떤 절차로 정리되는지를 알면 더 걱정하지 않아도 된다.

ETF에 투자하다 보면 한 번쯤 이런 걱정을 하게 된
다. "이 ETF가 없어지면, 내 돈도 같이 사라지는 걸까?" 특히 뉴
스에서 어떤 상품이 상장폐지되었다는 말을 들으면 계좌부터 열
어보게 된다. 하지만 이 질문에는 구조를 나눠서 볼 필요가 있다.

먼저 ETF는 하나의 '회사'가 아니라 자산을 담아 두는 그릇에
가깝다. 이 그릇 안에는 실제 주식이나 채권 같은 자산이 들어 있
다. 운용사는 이 자산을 관리할 뿐, 그 자산 자체를 자기 돈처럼

섞어 쓰지 못한다.

그래서 ETF 운용사가 문제가 생기거나 ETF가 더 이상 유지되지 않기로 결정되면, 그 안에 들어 있는 자산을 정리하는 절차가 먼저 진행된다. 이 과정에서 자산은 팔려서 현금으로 바뀌고, 그 돈이 투자자들에게 나눠 돌아간다.

ETF가 사라진다고 해서 그 안의 자산이 같이 증발하는 것은 아니다. ETF는 포장이 없어지는 것이지, 내용물이 갑자기 없어지는 게 아니다. 물론, 이 과정에서 시장 상황에 따라 가격이 흔들릴 수는 있다. 정리하는 시점의 가격으로 팔기 때문에 내가 생각한 가격과 다를 수는 있다. 하지만 그건 시장 가격의 문제이지 "돈이 사라진다"는 문제와는 다르다.

또 하나 구분해야 할 것은 운용사와 자산 보관 기관이 다르다는 점이다. ETF 안의 자산은 보통 운용사가 아니라 별도의 보관 기관에 따로 맡겨진다. 그래서 운용사에 문제가 생겨도, 자산이 같이 묶여서 위험해지는 구조가 아니다.

상장폐지도 마찬가지다. ETF는 거래가 너무 적거나 규모가 너무 작아지면 운용사가 더 이상 유지하지 않기로 결정할 수 있다. 이 경우에도 절차는 같다. 자산을 정리하고, 현금으로 바꿔서 투자자들에게 돌려준다. 그래서 "ETF가 사라지면 내 돈도 같이 사라진다"는 생각은 구조를 너무 단순하게 본 오해에 가깝다. 실제 구조는 '정리 → 환매 → 현금 지급' 쪽에 가깝다.

다만 투자자가 불편해지는 건, 원하지 않는 시점에 강제로 정리된다는 점이다. 내가 더 들고 가고 싶어도, 상품이 없어지면 그 시점의 가격으로 정산이 된다. 이게 ETF 상장폐지의 진짜 불편한 점이다. 그래서 이 문제는 "돈이 사라질까?"가 아니라 "원하지 않는 타이밍에 팔리게 될 수 있다"는 쪽으로 이해하는 게 더 정확하다.

정리하면, ETF가 사라진다고 해서 내 돈이 같이 증발하지 않는다. 다만 그 시점의 시장 가격으로 정리되기 때문에 타이밍 리스크는 존재한다. 그래서 ETF를 고를 때는 상품의 규모와 거래량이 너무 작지는 않은지를 같이 보는 게 중요하다. 이런 상품일수록 상장폐지로 정리될 가능성이 상대적으로 더 크다.

ETF 투자는 "어떤 자산을 담고 있는가"뿐만 아니라 "이 그릇이 얼마나 오래 유지될 가능성이 있는가"도 같이 보는 일이다. 이걸 알고 있으면, "ETF가 없어지면 어쩌지?"라는 막연한 공포는 기우에 지나지 않는다.

내 돈, 진짜 운용사와
한 통장에 섞여 있을까?

**ETF에 들어간 내 돈은 운용사 돈과 한데 섞여 쓰이지 않는다.
자산은 따로 보관되고, 운용사는 관리만 하는 구조로 움직인다.**

ETF에 투자하다 보면 이런 생각이 든다. "이 돈, 혹시 운용사 통장에 같이 들어가 있는 거 아닐까?" 만약 그렇다면 운용사에 문제가 생길 때 내 돈도 같이 위험해지는 것 아닌가 하는 걱정이 생길 수 있다. 결론부터 말하면, ETF 안의 자산은 운용사 돈과 섞이지 않는다. 구조적으로 따로 떼어 놓고 보관되게 되어 있다. 운용사는 이 자산을 관리만 할 뿐, 자기 회사 운영에 쓰거나 마음대로 움직일 수 없다.

ETF에는 보통 세 가지 역할이 나뉜다. 운용사, 자산을 실제로 보관하는 곳, 그리고 거래를 중개하는 곳이다. 이 중에서 자산을 보관하는 곳은 운용사와 다른 기관인 경우가 대부분이다. 즉, 돈을 맡기는 금고와, 관리하는 사람이 분리되어 있다.

그래서 ETF에 들어 있는 주식이나 채권은 운용사 책상 서랍에 있는 게 아니라 따로 정해진 곳에 보관된다. 운용사는 "이 자산을 이렇게 굴려라"라고 지시하고 관리만 할 뿐, 그 자산을 자기 돈처럼 꺼내 쓸 수 있는 권한이 없다.

만약 운용사에 문제가 생기면 어떻게 될까. 회사가 어려워지거나 다른 회사로 넘어가거나 심지어 문을 닫는 상황이 생길 수도 있다. 이때도 ETF 안의 자산이 바로 같이 묶이지 않는다. 자산은 여전히 따로 보관되어 있고, 운용사만 교체되거나 상품이 정리되는 절차로 들어간다.

상품이 정리되는 경우에는 안에 들어 있는 자산을 팔아서 현금으로 만들고, 그 돈을 투자자에게 나눠서 돌려주는 방식으로 마무리된다.

이런 시스템은 투자자 보호를 위해 법과 제도로 만들어진 장치다. 투자자의 자산이 운용사의 경영 문제에 휘말리지 않도록 처음부터 분리해 두는 것이다. 그래서 ETF를 살 때, 내가 맡기는 것은 '운용사'가 아니라 '시스템'이라고 보는 게 더 정확하다. 운용사는 바뀔 수 있지만, 자산 분리 보관이라는 틀은 그대로 유지된다.

물론, 이 시스템이 있다고 해서 가격이 떨어지지 않는다는 뜻은 아니다. 시장이 나쁘면, ETF 안의 자산 가치도 같이 떨어진다. 하지만 그건 투자한 자산의 가격 문제이지, "돈이 사라진다"는 문제와는 다르다.

많은 사람들이 이 둘을 섞어서 생각한다. "가격이 떨어질 수 있다"는 위험과, "자산이 없어질 수 있다"는 위험은 완전히 다른 이야기다. ETF의 구조는 두 번째 위험을 줄이기 위해 만들어졌다.

정리하면, ETF에 들어간 내 돈은 운용사 통장에 같이 들어가 있는 게 아니다. 자산은 따로 보관되고, 운용사는 관리만 하는 역할을 한다.

그래서 운용사에 문제가 생긴다고 해서 내 자산이 같이 묶여서 사라지는 것은 아니다. "운용사가 믿을 만한가?"도 중요하지만, "이 상품의 자산이 어떤 시스템으로 보관되는가?"를 먼저 보는 것이다. 이 시스템을 알면, 막연한 불안은 훨씬 구체적인 이해로 바뀐다. ETF 투자는 회사에 돈을 맡기는 게 아니라 분리된 시스템 안에 자산을 올려두는 일에 가깝다.

ETN과 ETF,
어느 쪽이 더 위험한 상품일까?

**ETF는 실제 자산을 담아 두는 구조이고,
ETN은 발행사의 약속에 기반한 상품이다.
둘의 차이는 수익률보다 문제가 생겼을 때 어떤 위험을 맞게 되느냐에서 갈린다.**

이름이 비슷해서 많은 사람들이 ETN과 ETF를 거의 같은 상품으로 생각한다. 둘 다 거래소에서 주식처럼 사고팔 수 있고, 지수를 따라간다는 점도 비슷하다. 그래서 "둘 중 뭐가 더 위험할까?"라는 질문이 자주 나온다. 이 질문은 가격 움직임이 아니라 구조부터 나눠서 봐야 한다.

먼저 ETF부터 보자. ETF는 실제 주식이나 채권 같은 자산을 안에 담아 두는 구조다. 그리고 이 자산은 운용사와는 다른 기관에 따로 보관된다. 즉, ETF는 "가격을 따라가는 종이"가 아니라 실제 자산을 담은 그릇에 가깝다.

그래서 ETF를 만든 운용사에 문제가 생기더라도, ETF 안에 들어 있는 자산이 바로 같이 묶이는 구조는 아니다. 운용사가 바뀌거나 상품이 정리되는 절차를 거쳐 자산을 팔아서 현금으로 만들고 투자자에게 돌려주는 방식으로 마무리된다.

물론 이 과정에서 정리되는 시점의 시장 가격이 적용된다. 그래서 내가 기대한 가격보다 낮을 수는 있다. 하지만 그건 시장 가격의 문제이지 "자산이 사라진다"는 문제와는 다르다. ETF의 위험은 자산 가격이 움직이는 위험이다.

이제 ETN을 보자. ETN은 이름은 비슷하지만 구조는 다르다. ETN은 ETF처럼 거래되지만, 실제 자산이 아니라 증권사가 '수익을 약속하는 상품'이다. 지수를 따라가긴 하지만, 속에 주식이나 채권이 들어 있는 건 아니다. 그래서 만든 증권사가 망하면 돈을 못 받을 수도 있는 위험이 있다. 즉, ETN은 자산이 아니라 발행사의 채무에 가까운 상품이다.

이 차이에서 위험의 성격이 갈린다. ETF는 자산 가격이 떨어질 수는 있어도, 그 자산 자체가 사라지지 않는다. 반면 ETN은 발행사에 문제가 생기면, 그 약속 자체가 흔들릴 수 있다. 이게 ETN이 안고 있는 구조적인 위험이다.

예를 들어 보자. ETF를 만든 운용사가 어려워져도 자산은 따로 보관되어 있다. 그래서 운용사가 교체되거나 상품이 정리되는 절차를 거친다. 하지만 ETN은 다르다. ETN은 발행한 회사가 돈을 갚겠다고 약속한 증서에 가깝다. 만약 이 회사가 큰 문제를 겪으면, 그 약속을 제대로 지키지 못할 가능성이 생긴다. 이 점 때문에 ETN에는 항상 발행사 신용 위험이 붙는다. ETF에는 없는 위험이 하나 더 얹혀 있는 셈이다. 그래서 두 상품은 겉으로 보이는 가격 움직임이 비슷해도, 안고 있는 위험의 종류는 다르다.

그렇다고 해서 ETN이 항상 나쁜 상품이라는 뜻은 아니다. ETN은 구조가 단순하고, 특정 지수를 정확히 따라가게 만들기 쉬운 장점이 있다. 그래서 ETF로 만들기 까다로운 시장이나 구조는 ETN으로 더 깔끔하게 구현되는 경우도 있다.

겉으로 보이는 수익률만 놓고 보면, 두 상품은 거의 똑같이 움직일 수도 있다. 하지만 문제가 생겼을 때의 결말은 전혀 다를 수 있다. 이 차이는 평소에는 잘 안 보이고, 위기 때만 한꺼번에 드러난다.

결론은 단순하다. 'ETF냐, ETN이냐'보다 중요한 건, "이 상품이 어떤 구조의 위험을 안고 있는가"다. 이걸 이해하고 나면, 이름이 아니라 구조를 보고 고르게 된다.

실제 주식이 없는 ETF,
믿고 맡겨도 될까?

모든 ETF가 실제 주식을 들고 있는 것은 아니다.
구조에 따라 자산을 직접 보유하지 않고도
지수를 따라가게 만들 수 있다.

ETF라고 하면 대부분 "안에 실제 주식이 들어 있다"고 생각한다. 많은 경우 이 말이 맞다. 하지만 모든 ETF가 그런 구조는 아니다. 어떤 ETF는 실제 주식을 사서 들고 있지 않고, 다른 방식으로 지수를 따라가게 만들어진다.

이런 상품을 흔히 '합성 ETF'라고 부른다. 이름이 어렵게 느껴질 수 있지만 뜻은 단순하다. 직접 주식을 사서 들고 있지 않고, 다른 계약을 통해 같은 결과를 내도록 만든 ETF라는 뜻이다.

왜 이런 구조를 쓸까. 이유는 여러 가지다. 어떤 시장은 직접 주식을 다 사 모으기가 어렵거나 비용이 많이 들거나 절차가 복잡하다. 이런 경우에 계약을 이용해서 지수 수익률만 따라가게 만드는 방식이 더 효율적일 수 있다.

이때 ETF는 실제 주식 대신 금융회사와 "이 지수만큼의 결과를 서로 주고받자"는 계약을 맺는다. 그리고 그 계약의 결과에 따라 ETF 가격이 움직이게 된다. 투자자는 겉으로 보면 일반 ETF와 거의 똑같이 사고판다.

여기서 걱정이 생긴다. "실제 주식이 안에 없으면, 그럼 더 위험한 거 아니야?" 이 질문은 절반은 맞고, 절반은 과장이다. 먼저 분명한 점부터 보자. 합성 ETF는 구조가 더 복잡하다. 그리고 그 구조 안에는 계약을 맺은 상대방이 약속을 지키지 못할 위험이 들어 있다. 이건 일반 ETF에는 거의 없는 종류의 위험이다.

하지만 그렇다고 해서 합성 ETF가 아무 보호 장치도 없는 상품은 아니다. 보통은 계약 상대방이 문제를 일으켜도, 손실을 줄이기 위한 담보 구조를 같이 둔다. 즉, "아무 준비 없이 약속만 믿는 구조"는 아니다.

또 실제로 시장에서 큰 문제가 되는 경우는 매우 드물다. 그래서 많은 투자자는 이런 사실조차 모르고 투자하기도 한다. 가격 움직임만 보면, 일반 ETF와 거의 구분이 안 되기 때문이다.

중요한 건, 이게 '좋다 나쁘다'의 문제가 아니라 '어떤 종류의 위험을 하나 더 얹느냐'의 문제라는 점이다. 일반 ETF는 자산 가격의 변동 위험이 중심이고, 합성 ETF는 여기에 계약 구조에서 생길 수 있는 위험이 하나 더 붙는다.

그 대신 합성 ETF는 특정 시장이나 특정 지수를 더 정확하게 따라가거나 비용을 줄이는 데 유리한 경우도 있다. 그래서 어떤 시장에서는 오히려 합성 ETF 쪽이 추적 오차가 더 적은 경우도 있다. "실제 주식이 없으니까 무조건 위험하다"도 아니고, "아무 문제 없다"도 아니다. 위험의 종류가 하나 더 있다는 사실을 알고 선택하는지가 핵심이다.

투자자가 해야 할 일은 하나다. 이 ETF가 실제 자산을 들고 있는 구조인지, 계약으로 따라가는 구조인지를 한 번 더 확인하는 것이다. 이 정보는 상품 설명에 다 나와 있다.

정리하면, 실제 주식이 없는 ETF는 못 믿을 상품이 아니라 구조가 다른 상품이다. 그 구조에는 추가로 생각해야 할 위험이 하나 더 들어 있다는 점만 분명히 알고 있으면 된다.

레버리지와 인버스,
왜 오래 들고 있으면 망가질까?

레버리지와 인버스 ETF는 하루 움직임을
기준으로 설계된 상품이다. 여러 날을 들고 가면,
지수 방향과 다르게 결과가 꼬일 수 있다.

레버리지 ETF와 인버스 ETF는 이름부터 강해 보인다. 레버리지는 "두 배로 움직인다"는 뜻이고, 인버스는 "반대로 움직인다"는 뜻이다. 그래서 많은 사람들은 "지수가 오를 것 같으면 레버리지, 떨어질 것 같으면 인버스"라고 생각한다. 그런데 이 상품들은 '하루짜리 계산'으로 움직이는 구조라는 점을 먼저 알아야 한다.

이 상품들은 '하루 수익률'을 기준으로 설계되어 있다. 예를 들어 지수가 100에서 시작했다고 해 보자. 오늘 지수가 1% 올라서 101이 되면, 2배 레버리지는 약 2% 올라서 102가 된다. 인버스는 반대로 약 1% 떨어진다. 여기까지 보면 "지수의 두 배, 반대 방향"이 잘 맞는 것처럼 보인다.

문제는 이 계산이 다음 날 다시 처음부터 새로 시작된다는 점이다. 둘째 날 계산은 100이 아니라, 101과 102에서 다시 출발한다. 예를 들어 둘째 날 지수가 다시 1% 내려서 99.99가 되었다고 해 보자. 레버리지는 전날 102에서 다시 계산해서 약 2% 내려온다. 그러면 가격은 약 99.96 근처가 된다. 지수는 거의 제자리로 돌아왔는데, 레버리지는 이미 처음보다 더 낮아져 있다.

이게 바로 '기준값이 계속 바뀌는 구조'다. 레버리지는 항상 그날그날의 새 기준값에 두 배를 곱해서 다시 계산된다. 한 번 기준이 줄어들면, 그다음에 다시 올라와도 회복 속도가 생각보다 훨씬 느려진다.

인버스도 마찬가지다. 하루하루는 '반대로' 잘 움직이는 것처럼 보인다. 하지만 며칠, 몇 주가 쌓이면 지수의 실제 흐름과 점점 어긋나기 쉬운 구조를 가지고 있다. 특히 시장이 위아래로 흔들리는 구간에서는 이 어긋남이 더 빠르게 커진다.

예를 들어 지수가 '오르고, 내리고, 오르고, 내리고'를 반복하면서 결국 제자리로 돌아왔다고 해 보자. 지수는 제자리인데, 레버리지와 인버스는 처음보다 작아져 있는 경우가 자주 생긴다.

이 상품들의 본래 용도는 아주 짧은 기간의 방향에 베팅하는 것이다. 하루나 며칠 정도의 움직임을 노리는 도구다. 몇 달, 몇 년 들고 가라고 만든 물건이 아니다. 그런데 많은 사람들은 이 구조를 모르고, "어차피 방향은 맞출 것 같으니까"라는 생각으로 오래 들고 간다. 그리고 시간이 지나면, 방향은 맞았는데 결과는 나쁜 상황을 만나게 된다.

레버리지와 인버스를 쓸 때는 "얼마나 오를까?"가 아니라, "나는 며칠짜리 움직임을 노리는가?"라는 질문이 중요하다. 이 질문에 답이 없다면, 이 상품은 애초에 맞지 않는 도구다.

정리하면, 레버리지와 인버스 ETF는 '하루 단위 계산기'로 만들어진 상품이다. 이걸 여러 날, 여러 달 들고 가면, 구조적으로 값이 망가질 가능성이 매우 커진다. 그래서 이 상품들은 장기 투자 도구가 아니라, 단기 방향성 도구로 이해하는 게 맞다.

ETF 투자는 "이게 몇 배인가"보다 "이게 어떤 방식으로 계산되는 상품인가"를 먼저 보는 일이다. 레버리지와 인버스는 그 차이를 가장 분명하게 보여주는 대표적인 예다.

괴리율 큰 ETF,
나는 얼마나 비싸게 사고 있을까?

**괴리율은 ETF의 실제 가치와
시장 가격 사이의 거리다. 이 차이가 클 때 사면,
시작하자마자 보이지 않는 손해를 안고 출발한다.**

ETF를 살 때 대부분은 가격만 본다. "어제보다 쌌네", "요즘 많이 올랐네" 같은 말이 먼저 나온다. 그런데 ETF에는 가격 말고도 꼭 같이 봐야 할 숫자가 하나 있다. 바로 괴리율이다.

괴리율은 간단히 말하면, ETF의 실제 가치와 시장에서 거래되는 가격의 차이다. ETF 안에는 실제 주식이나 자산이 들어 있고, 그걸 다 더하면 "이 정도 가치다"라는 숫자가 나온다. 이게 기준 가치다. 그런데 시장에서 사고파는 가격은 이 숫자와 완전히 같지 않을 때가 많다.

　보통은 차이가 크지 않다. 시장이 정상적으로 돌아가면, 가격은 기준 가치 근처에서 움직이도록 조정된다. 그런데 어떤 순간에는 이 간격이 벌어진다. 사람들이 한쪽으로 몰리거나 거래가 잘 안 되거나 시장이 급하게 흔들릴 때 이런 일이 생긴다.

　문제는 이 간격이 벌어진 상태에서 사는 경우다. 예를 들어 ETF의 기준 가치는 100인데, 시장에서는 103에 거래되고 있다고 하자. 이걸 103에 사면, 나는 이미 3을 더 주고 시작하는 셈이다.

　이 3은 언젠가 다시 좁혀질 가능성이 크다. 가격이 기준 가치 쪽으로 내려오거나 기준 가치가 가격을 따라오면서 맞춰진다. 그런데 그 과정에서 나는 아무 일도 안 했는데 손해가 줄어들거나 늘어날 수 있다.

　이 손해는 시장 방향과도 상관이 없을 수 있다. 지수가 그대로여도 괴리율이 줄어들기만 하면 내 계좌는 마이너스가 될 수 있다. 반대로 괴리율이 커지면, 이유 없이 좋아 보일 수도 있다. 이게 괴리율이 만드는 착시다. 그래서 "나는 지수 방향을 잘 맞혔는데, 왜 결과가 이상하지?"라는 일이 생긴다. 알고 보면 지수가 아니라 괴리율이 줄어든 것 때문에 생긴 결과인 경우가 많다.

　이 현상은 특히 거래가 적은 ETF나 시장이 급하게 움직이는 시간대에 더 자주 나타난다. 사람들이 한쪽으로 몰리면, 가격이 기준 가치보다 앞서 튀어 오르거나 아래로 밀려버리기 쉽다.

ETF에는 보통 이 차이를 줄이기 위해 가격을 맞추는 역할을 하는 주체가 있다. 하지만 시장이 너무 빠르게 움직이거나 거래가 뜸하면, 이 조정이 제때 작동하지 못하는 순간이 생긴다. 그래서 괴리율이 큰 ETF를 살 때는 "나는 지금 자산을 사는 건가, 아니면 프리미엄을 얹어서 사는 건가"를 한 번 더 생각해 봐야 한다.

아무리 좋은 자산을 골라도 비싸게 사면 출발선부터 불리해진다. 정리하면, 괴리율은 ETF를 얼마에 사고 있는지를 보여주는 숨은 가격표다. 이 숫자를 보지 않고 사면, 모르고 비싼 값을 치르고 시작할 가능성이 커진다.

ETF를 살 때는 가격만 보지 말고 괴리율이 평소보다 크게 벌어져 있는지를 한 번 더 확인하는 습관이 필요하다. ETF 투자는 방향만 맞히는 게임이 아니다. 어디에서 출발하느냐도 결과를 크게 바꾼다. 괴리율은 그 출발선이 얼마나 기울어져 있는지를 보여주는 숫자다.

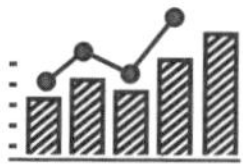

거래 없는 ETF,
팔고 싶을 때 정말 팔 수 있을까?

ETF는 주식처럼 팔 수 있지만,
항상 '원하는 가격'에 팔 수 있는 건 아니다.
거래가 적은 ETF에서는 팔리는 것과 '제값에 팔리는 것'이 다른 문제가 된다.

ETF는 주식처럼 언제든지 사고팔 수 있다고 배운다. 그래서 많은 사람들은 "필요하면 그냥 팔면 되지"라고 생각한다. 그런데 실제로는 모든 ETF가 항상 잘 팔리는 건 아니다. 거래가 거의 없는 ETF도 분명히 존재한다.

거래가 없다는 말은 그날 사고파는 사람이 거의 없다는 뜻이다. 화면에는 가격이 찍혀 있어도, 실제로는 그 가격에 받아줄 사람이 없는 상태일 수 있다. 이때 매도를 누르면, 생각보다 훨씬 불리한 가격에 체결되거나 아예 체결이 안 될 수도 있다.

이게 왜 문제일까. ETF는 가격표만 보고 사는 상품이기 때문이다. 그런데 이 가격표가 실제로 거래되는 가격이 아닐 수도 있는 상황이 생긴다. 특히 거래량이 적은 ETF일수록 이 차이가 커지기 쉽다.

예를 들어 보자. 어떤 ETF의 화면 가격은 10,000원이다. 그런데 실제로 사려는 사람은 9,700원에만 사겠다고 대기하고 있다면, 내가 지금 팔면 9,700원에 팔리게 된다. 화면에서 본 가격과 실제 체결 가격이 크게 벌어지는 상황이다.

이 차이는 시장 방향과도 상관이 없을 수 있다. 지수가 그대로여도 유동성이 부족하면 이런 일이 생긴다. 그래서 "나는 지수를 잘 따라가는 ETF를 샀는데, 왜 팔 때 이렇게 손해를 보지?"라는 일이 벌어진다.

ETF에는 보통 유동성을 공급하는 역할을 하는 주체가 있다. 이들이 가격이 너무 벌어지지 않게 중간에서 맞춰 준다. 하지만 거래가 너무 적거나 시장이 급하게 흔들리는 순간에는 이 조정이 제때 작동하지 못하는 경우도 생긴다.

이 문제는 특히 규모가 작은 ETF나 관심이 거의 없는 테마 ETF에서 더 자주 나타난다. 평소에는 조용히 있다가 막상 팔고 싶을 때 갑자기 "이게 이렇게 안 팔리는 상품이었나?"라는 생각이 들게 된다. 그래서 ETF를 고를 때는 무엇을 담고 있는지만 볼 게 아니라 얼마나 자주 거래되는지도 같이 봐야 한다. 이건 수익률과는 별개의 출구 문제다.

많은 사람들은 "나는 오래 들고 갈 거니까, 괜찮아"라고 생각한다. 하지만 언제 팔게 될지는 아무도 모른다. 그때 가서 "이게 이렇게 안 팔릴 줄 몰랐다"고 깨닫는 건, 이미 늦은 뒤다. 거래가 적은 상품은 항상 같은 종류의 불편을 반복해서 만들 가능성이 크다.

정리하면, ETF는 '팔 수 있는 상품'이지, '항상 원하는 가격에 바로 팔 수 있는 상품'은 아니다. 특히 거래가 적은 ETF에서는 출구가 생각보다 좁을 수 있다. 그래서 ETF를 살 때는 "이게 얼마나 오를까?"뿐만 아니라 "나중에 이걸 얼마나 쉽게 팔 수 있을까?"도 같이 생각해야 한다. 이 질문에 답이 없는 상품은 들어갈 때부터 불안한 투자다.

ETF 투자는 들어가는 길만큼 나오는 길도 중요하다. 거래량은 그 출구가 얼마나 넓은지를 보여주는 숫자다.

ETF,
아무 때나 사면 손해 보는 이유

ETF는 언제 주문하느냐에 따라 같은 상품을
사도 전혀 다른 가격을 치를 수 있다. 특히 유동성이 얇은 순간에는
눈에 보이지 않는 손해가 한 번에 크게 생길 수 있다.

많은 사람들은 ETF를 살 때 "가격만 맞으면 된다"고 생각한다. 그래서 특별한 고민 없이 주문을 넣는다. 하지만 ETF는 주식과 똑같은 방식으로 거래되는 상품이다. 즉, 언제 주문하느냐에 따라 실제로 체결되는 가격이 달라질 수 있다.

ETF 화면에 보이는 가격은 가장 최근에 거래된 가격일 뿐이다. 이 가격에 지금 당장 사고팔 수 있다는 보장은 없다. 실제 거래는 사려는 사람과 팔려는 사람이 내놓은 가격 사이에서 이루어진다. 이때 중요한 게 매수 가격과 매도 가격 사이의 간격이다. 이 간격이 좁으면, 거의 손해 없이 거래된다. 하지만 이 간격이 벌어져 있으면, 나는 시작하자마자 눈에 안 보이는 손해를 안고 출발하게 된다.

이 간격은 항상 같은 크기가 아니다. 거래가 많고 시장이 차분할 때는 좁아지고, 거래가 뜸하거나 시장이 급하게 흔들릴 때는 갑자기 넓어진다.

예를 들어 보자. 어떤 ETF의 화면 가격은 10,000원이라고 찍혀 있다. 그런데 실제로는 10,080원에만 팔겠다는 사람과, 9,920원에만 사겠다는 사람만 대기하고 있을 수 있다. 이 상태에서 내가 아무 생각 없이 시장가로 사면, 10,080원에 바로 체결된다. 화면에서 본 가격보다 80원을 더 주고 사는 셈이다.

반대로 급하게 팔고 싶어서 시장가로 매도하면 9,920원에 바로 팔릴 수 있다. 이 경우에도 화면에서 본 가격보다 싸게 팔게 된다. 이 차이는 지수 방향과 아무 상관 없이 그대로 손해로 남는다.

많은 사람들은 "몇십 원 차이잖아"라고 생각한다. 하지만 거래를 한 번만 하면 티가 안 나지만, 이런 식의 거래가 쌓이면 계좌 전체에 분명한 흔적을 남긴다. 이 문제는 특히 거래량이 적은 ETF에서 더 자주 나타난다. 또 해외 시장이 열리기 전 시간, 장 초반이나 장 마감 무렵, 혹은 시장이 갑자기 크게 흔들리는 시간대에도 이런 일이 생기기 쉽다.

ETF에는 보통 가격이 너무 벌어지지 않게 맞춰 주는 역할을 하는 주체가 있다. 하지만 이 기능도 항상 완벽하게 작동하는 건 아니다. 시장이 너무 빠르게 움직이거나 거래가 급격히 줄어들면, 가격 간격이 순간적으로 크게 벌어지는 구간이 생긴다.

이때 아무 생각 없이 주문을 넣으면, 나는 내가 보고 있던 가격이 아니라 훨씬 불리한 가격으로 거래하게 된다. 그리고 이 손해는 나중에 수익률 표 어디에도 따로 표시되지 않는다.

정리하면, ETF는 "무엇을 사느냐"만큼 "언제, 어떻게 사느냐"가 중요하다. 아무 때나 주문을 넣으면, 같은 ETF를 남들보다 비싸게 사고, 싸게 팔 가능성이 커진다. 그래서 ETF를 거래할 때는 가격 숫자 하나만 보지 말고, 실제로 사고파는 가격 사이의 간격이 어떤지를 한 번 더 보는 습관이 필요하다. 그리고 가능하면 너무 한산한 시간대나 너무 요동치는 시간대는 피하는 게 유리하다.

ETF 투자는 방향만 맞히는 게임이 아니다. 어떤 가격으로 들어가고, 어떤 가격으로 나오는지가 결과를 크게 바꾼다. 주문을 넣는 시간은 그 출발선을 조용히 그러나 확실하게 바꿔 버리는 요소다.

반토막 난 종목, 끝까지 버티면
정말 언젠간 오를까?

가격이 많이 떨어졌다는 사실과,
다시 올라갈 힘이 있다는 사실은 전혀 다른 문제다.
"많이 빠졌으니 언젠간 오른다"는 생각은 위험한 믿음이다.

주가가 반토막 난 종목을 보면 사람 마음은 복잡해
진다. "이미 이렇게 많이 빠졌는데, 더 빠질 게 있을까?" "조금만
더 버티면, 언젠가는 오르지 않을까?" 이런 생각이 자연스럽게
든다. 그래서 많은 사람이 손실이 클수록 더 오래 들고 가는 선택
을 한다.

하지만 먼저 구분해야 할 게 있다. "가격이 많이 떨어졌다"는
사실과, "다시 오를 수 있다"는 사실은 전혀 다른 이야기다. 가격

은 과거의 결과일 뿐이고, 미래의 방향을 보장해 주지는 않는다.

예를 들어 보자. 어떤 종목이 100에서 50으로 떨어졌다고 하자. 숫자만 보면 "이미 반토막이니 싸다"는 느낌이 든다. 하지만 이 회사의 사업이 계속 나빠지고 있다면, 50이 바닥이 아니라 중간 지점일 수도 있다.

많은 사람들은 차트를 보면서 "예전에 여기 있었잖아"라는 말을 한다. 하지만 시장은 과거 가격을 기억하지 않는다. 시장이 보는 건, 지금 이 회사가 앞으로 어떤 돈을 벌 수 있느냐다. 이게 바뀌지 않으면, 가격이 예전으로 돌아갈 이유도 없다.

특히 구조가 바뀐 산업이나 경쟁에서 밀린 기업, 규제가 바뀐 시장에 속한 종목은 '언젠가는 회복'이라는 말이 성립하지 않는 경우도 많다. 그냥 다른 길로 가버린 시장일 수 있다. ETF에서도 비슷한 일이 생긴다. 어떤 테마 ETF가 한때 유행하다가, 산업 환경이 바뀌거나 관심이 사라지면, 가격은 크게 떨어진 뒤 오랫동안 회복하지 못하는 상태로 남아 있을 수 있다.

이때 투자자는 두 가지를 헷갈리기 쉽다. "나는 이만큼 잃었다"는 감정과, "이 자산이 앞으로 오를 힘이 있는가"라는 판단을 섞어 버리는 것이다. 그런데 시장은 내가 얼마나 잃었는지에는 관심이 없다. 그래서 "여기까지 왔으니 조금만 더 버티자"는 생각은 투자 판단이 아니라 감정 반응에 가까운 경우가 많다. 이 감정은 손실이 클수록 더 강해진다.

중요한 질문은 이것이다. "지금 이 자산을 아무것도 없는 상태에서 새로 산다면 살 것인가?" 이 질문에 "아니다"라는 답이 나오면, 이미 답은 나온 것이다.

물론 시장 전체가 같이 빠진 경우도 있다. 이런 경우에는 자산의 문제라기보다 환경의 문제일 수 있다. 이럴 때는 '언젠간 회복'이라는 말이 어느 정도 의미를 가질 수도 있다. 하지만 이것도 자산의 성격에 따라 다르다. 그래서 "버티면 언젠가 오른다"는 말은 아무 자산에나 적용되는 법칙이 아니다. 어떤 자산에는 맞고, 어떤 자산에는 끝까지 틀린 말이다.

문제는 우리는 이걸 사기 전에는 잘 따지다가 막상 손실이 나면 따지기를 멈춘다는 점이다. 그리고 "이미 여기까지 왔으니까"라는 이유로 판단을 미루는 선택을 한다.

정리하면, 반토막 난 종목을 버틸지 말지는 "얼마나 빠졌느냐"가 아니라 "앞으로 무엇이 달라질 수 있느냐"로 판단해야 한다. 과거 가격은 결정 기준이 될 수 없다. 다음의 질문이 중요하다. "언젠가는 오를까?"가 아니라 "지금 이 자산은 앞으로 더 좋아질 이유가 있는가?"다. 이 질문에 충분히 답할 수 없다면, 버티는 건 전략이 아니라 희망이 된다.

폭락장에도 덜 흔들리는
ETF는 진짜 도움이 될까?

변동성이 적은 ETF는 하락을 막아 주는 방패가 아니라
흔들림을 줄여 주는 완충재에 가깝다.
얼마나 덜 빠지느냐와, 결국 이기느냐는 다른 문제다.

시장이 크게 흔들릴 때마다 이런 말이 나온다. "저 변동성 ETF로 옮겨야 하나?" "방어형 ETF를 들고 있으면 덜 아픈가?" 폭락장을 겪어 보면, 덜 흔들린다는 말이 굉장히 매력적으로 들린다.

먼저 이 상품들이 뭘 하도록 만들어졌는지부터 보자. 저변동성 ETF나 방어형 ETF는 가격이 덜 출렁이는 종목들로 포트폴리오를 짜 놓은 상품이다. 즉, 시장이 흔들릴 때 같이 덜 흔들리도록 설계된 구조다. 그래서 시장이 크게 빠질 때, 이런 ETF는 대체로 덜 빠진다. 이건 구조상 자연스러운 결과다.

문제는 여기서 많은 사람이 한 가지를 더 기대한다는 점이다. "덜 흔들리니까, 결국 더 안전하게 이기겠지"라는 기대다. 하지만 "덜 빠진다"는 것과 "결국 더 좋은 결과를 낸다"는 건 다른 이야기다. 저변동성 ETF는 하락장에서 덜 아플 수는 있지만, 상승장에서 덜 오를 가능성도 같이 안고 있다.

예를 들어 보자. 시장이 -20% 빠질 때, 어떤 방어형 ETF는 -12%에서 버틸 수 있다. 이때는 확실히 마음이 편하다. 그런데 그 다음 해 시장이 +30% 오를 때, 이 ETF가 +18%만 오른다면, 장기 결과는 생각보다 평범해질 수 있다. 즉, 이 상품들은 '고통을 줄이는 역할'은 잘하지만, '승리를 보장하는 역할'을 하지는 않는다.

또 하나 중요한 점은 이 상품들도 절대 안 떨어지는 건 아니라는 것이다. 시장이 정말 크게 무너지면, 덜 빠질 뿐, 같이 빠진다. 위기 때 완전히 안전한 주식형 상품은 없다.

그럼 이런 ETF는 언제 의미가 있을까. 투자자가 감정적으로 흔들리지 않게 도와주는 역할을 할 때다. 변동성이 줄어들면, 공포 때문에 잘못된 결정을 할 가능성도 같이 줄어든다.

많은 손실은 사실 가격 그 자체보다 그 가격을 보고 내리는 행동에서 생긴다. 너무 무서워서 바닥에서 팔고, 조금 오르니까 다시 쫓아 들어가는 식의 행동이 반복된다. 변동성이 큰 자산일수록 이런 실수를 하기 쉽다. 저변동성 ETF는 이 감정의 폭을 줄여 주는 도구에 가깝다. 계좌가 덜 출렁이면, 사람도 덜 흔들린다. 이게 이 상품의 가장 현실적인 장점이다.

하지만 이걸 '수익을 지켜주는 보험'처럼 생각하면 기대가 커지고 실망도 커진다. 이 상품은 속도를 줄여 주는 브레이크에 가깝지, 충돌을 완전히 막아 주는 에어백은 아니다. 그래서 이 상품에 투자하고 싶을 때는 이렇게 질문해야 한다. "이게 나를 부자로 만들어 줄까?"가 아니라 "이게 내가 끝까지 버티게 도와줄까?"다.

정리하면, 폭락장에도 덜 흔들리는 ETF는 손실을 줄이는 데 도움은 될 수 있다. 하지만 시장을 이기는 마법의 무기는 아니다. 역할은 분명하지만 역할의 한계도 분명한 ETF다.

ETF 투자에서 중요한 건, 어떤 상품이 더 강하냐보다 내가 어떤 상황에서 어떤 선택을 하느냐다. 저변동성 ETF는 그 선택을 조금 덜 흔들리게 만들어 주는 보조 장치에 가깝다. 결국 투자에서 이기는 사람은 가장 덜 흔들린 사람이 아니라 끝까지 남아 있는 사람이다. 이 상품은 그 '남아 있기'를 도와주는 도구일 뿐, 대신 싸워 주는 무기는 아니다.

이 장은 '무엇을 사느냐'보다 '어떻게 굴리느냐'에 초점을 맞춘다. 자산 배분 비율, 리밸런싱, 금리 변화와 채권 ETF의 관계를 구조적으로 설명한다. AI · 전력 · 반도체 같은 핵심 섹터 ETF의 역할과 한계도 짚는다. 비트코인 ETF, 글로벌 분산 ETF, 세대별 전략 차이를 통해 장기 관점의 포트폴리오 설계를 제시한다. 미래를 맞히는 전략이 아니라, 흔들리지 않는 구조를 만드는 방법을 다룬다.

전략과 미래: "이제는 뭘 사느냐보다 어떻게 굴리느냐다"

ETF 성과를 가르는 건
종목이 아니라 '비율'이다

같은 ETF를 가지고 있어도,
비율이 다르면 결과는 완전히 달라진다.
무엇을 샀느냐보다 어떻게 나눠 담았느냐가 수익의 방향을 바꾼다.

많은 사람들은 ETF 투자를 "무슨 종목을 고를까"의 문제로 생각한다. 그래서 항상 더 좋은 ETF, 더 잘 오를 것 같은 ETF를 찾는다. 하지만 실제로 계좌의 결과를 크게 가르는 건, 개별 ETF의 이름보다 그걸 어떤 비율로 나눠 담았느냐인 경우가 훨씬 많다.

먼저 아주 단순한 예를 들어 보자. A와 B라는 두 ETF가 있다고 하자. 둘 다 나쁘지 않은 상품이다. 그런데 한 사람은 A에 90%, B

에 10%를 넣고, 다른 사람은 A와 B를 50%씩 나눠 담는다. 같은 두 개를 들고 있어도 계좌의 움직임은 전혀 달라진다.

이 차이는 시장이 흔들릴 때 더 크게 느껴진다. A가 크게 흔들리는 자산이고, B가 비교적 안정적인 자산이라면, A 비중이 높은 계좌는 더 크게 출렁이고, B 비중이 높은 계좌는 덜 흔들린다. 이건 종목의 문제가 아니라 비율의 문제다.

많은 사람들은 "이 ETF는 좋고 저 ETF는 별로다"라고 생각한다. 하지만 실제로는 같은 ETF라도 비중이 어떻게 들어가 있느냐에 따라 전혀 다른 상품처럼 움직인다. 그래서 포트폴리오는 종목 목록이 아니라 비율표라고 보는 게 더 정확하다.

예를 들어 주식형 ETF와 채권형 ETF를 같이 들고 있다고 하자. 주식 80%, 채권 20%인 계좌와, 주식 50%, 채권 50%인 계좌는 시장 상황에 따라 다른 체감을 만든다. 어느 쪽이 더 좋으냐의 문제는 수익률 이전에 어떤 변동을 감당할 수 있느냐의 문제다.

여기서 많은 사람들이 착각한다. "나는 공격적으로 투자할 거니까, 좋은 ETF만 고르면 된다." 하지만 아무리 좋은 자산도 비중이 너무 크면, 계좌 전체를 흔드는 위험이 된다. 반대로 평범한 자산도 비중이 적절하면, 계좌를 지켜주는 역할을 하게 된다.

즉, 포트폴리오의 성격은 종목의 성격이 아니라 비율의 조합에서 나온다. 이걸 이해하지 못하면, 계속 "이번에는 뭐가 더 좋을까"만 바꾸다가 계좌의 흔들림은 그대로인 상태가 된다.

또 하나 중요한 점은, 비율은 수익률뿐 아니라 투자자의 행동도 바꾼다는 것이다. 비중이 너무 한쪽에 쏠린 계좌는 시장이 조금만 흔들려도 사람 마음부터 먼저 흔들린다. 그리고 이 흔들림이 나쁜 타이밍의 매도와 매수로 이어진다.

반대로 비율이 잘 나뉜 계좌는 같은 시장에서도 체감이 다르다. 덜 흔들리기 때문에 괜히 손을 대지 않고 버틸 가능성이 높아진다. 이 차이는 몇 번의 위기만 지나도 결과에서 분명하게 벌어진다. 그래서 장기 투자에서 중요한 질문은 "이 ETF가 좋을까?"보다 "이걸 몇 %로 들고 가는 게 맞을까?"다.

정리하면, ETF 투자의 성과는 종목 선정 게임이 아니라 비율 설계 게임에 가깝다. 무엇을 담았느냐도 중요하지만, 어떤 비율로 담았느냐가 계좌의 성격과 결과를 먼저 결정한다.

포트폴리오를 볼 때는 종목 이름부터 보기 전에 비율표부터 보는 습관이 필요하다. 이 비율표가 앞으로 이 계좌가 얼마나 흔들릴지, 얼마나 버틸 수 있을지를 미리 보여주는 설계도이기 때문이다. ETF 투자는 "뭘 사느냐"의 싸움이 아니라 "어떻게 나눠 담느냐"의 싸움이다.

리밸런싱,
1년에 몇 번이 제일 속 편할까?

리밸런싱은 수익을 늘리는 기술이라기보다
위험을 다시 맞추는 습관에 가깝다. 자주 해도 문제고,
너무 안 해도 문제라서 '내가 감당할 수 있는 주기'를 정하는 게 핵심이다.

리밸런싱은 어렵게 들리지만 뜻은 단순하다. 처음에 정해 둔 비율로 다시 맞추는 일이다. 주식이 많이 오르면 비중이 커지고, 채권이 덜 오르면 비중이 줄어든다. 이때 처음 비율로 되돌려 놓는 것이 리밸런싱이다.

많은 사람들은 이걸 "수익을 더 내는 방법"으로 생각한다. 하지만 리밸런싱의 본래 목적은 수익보다 위험을 관리하는 것에 더 가깝다. 비율이 흐트러진 채로 오래 두면, 계좌의 성격이 내가

처음 생각한 것과 전혀 다른 모습으로 변해 버릴 수 있다.

예를 들어 보자. 처음에 주식 60, 채권 40으로 시작했다고 하자. 몇 년 동안 주식이 많이 오르면, 어느 순간 비중이 주식 80, 채권 20이 될 수 있다. 이때 계좌는 처음보다 훨씬 공격적인 계좌가 되어 있다. 본인은 그대로 들고 있다고 생각하지만, 위험 수준은 이미 달라져 있다.

이 상태에서 시장이 크게 흔들리면, "생각보다 너무 아픈데?"라는 느낌을 받게 된다. 이건 시장이 갑자기 더 나빠진 게 아니라 계좌의 성격이 조용히 바뀌어 있었기 때문이다. 그래서 리밸런싱은 계좌의 성격을 다시 원래 자리로 돌려놓는 작업이다.

많이 오른 자산을 조금 줄이고, 덜 오른 자산을 조금 늘린다. 이 과정은 기분으로 보면 이상한 행동처럼 느껴질 수 있다. 잘 나가는 걸 줄이고, 재미없는 걸 늘리는 일이기 때문이다. 그런데 이게 바로 위험을 관리하는 방식이다. 리밸런싱은 "앞으로 뭐가 오를까"를 맞히는 기술이 아니라 계좌가 한쪽으로 쏠리지 않게 잡아두는 장치다.

그럼 문제는 "얼마나 자주 하느냐"다. 너무 자주 하면 거래 비용만 늘고, 세금 문제도 복잡해질 수 있다. 반대로 너무 오래 안 하면, 비율이 너무 멀리 가 버려서 처음의 설계 의미가 사라진다. 그래서 많은 사람이 '1년에 한 번'이나 '반년에 한 번' 같은 정해진 주기를 쓴다. 이건 수학적으로 완벽해서라기보다 관리하기 편하고, 마음이 덜 흔들리기 때문이다.

중요한 건, 주기보다 일관성이다. 해마다 같은 시기에 같은 기준으로 맞추는 게 핵심이다. "올해는 귀찮아서 패스"가 반복되면, 리밸런싱의 의미는 금방 흐려진다.

또 하나 중요한 점은 비율이 조금만 어긋났다고 매번 손대지 않아도 된다는 것이다. 어느 정도 허용 범위를 정해 두고, 그 범위를 벗어났을 때만 조정하는 방식도 충분히 현실적인 방법이다.

리밸런싱의 효과는 하루 이틀 만에 느껴지지 않는다. 대신 몇 번의 큰 시장 변동을 지나고 나면, "아, 이게 계좌를 지켜주는 장치였구나"라는 걸 체감하게 된다.

정리하면, 리밸런싱은 수익을 뽑아내는 기술이 아니라 계좌의 성격을 유지하는 규칙이다. 그래서 "몇 번이 제일 좋을까?"라는 질문은 "내가 이 규칙을 얼마나 꾸준히 지킬 수 있을까?"로 바꿔서 생각하는 게 더 정확하다.

너무 잦지도, 너무 드물지도 않게. 내가 지키기 쉬운 주기가 대부분의 사람들에게는 가장 좋은 주기가 된다. ETF 투자는 결국 규칙을 지키는 게임이다. 리밸런싱 주기도, 남들이 뭐라고 하느냐보다 내가 끝까지 지킬 수 있느냐가 결과를 더 크게 바꾼다.

금리가 내려갈 때,
채권 ETF는 왜 생각보다 세게 오를까?

채권 가격은 금리와 반대로 움직이는 구조를 가지고 있다.
금리가 내려가기 시작하면, 이 구조 때문에 채권 ETF의
상승이 생각보다 크게 보일 수 있다.

많은 사람들은 채권을 '안정적인 자산'으로만 생각한다. 그래서 채권 ETF도 조용히 이자나 받는 상품 정도로 여긴다. 그런데 금리가 내려가기 시작하는 구간에서는 채권 ETF가 주식처럼 눈에 띄게 오르는 모습을 보일 때가 있다. 이때 "왜 이렇게까지 오르지?"라는 생각이 들 수 있다.

이 현상은 채권의 가격 구조를 알면 이해할 수 있다. 채권은 이미 정해진 이자를 주는 상품이다. 그런데 시장 금리가 바뀌면, 예전에 발행된 채권의 가치가 다시 평가된다.

예를 들어 보자. 예전에 연 5% 이자를 주는 채권이 있다고 하자. 그런데 시장 금리가 3%로 내려갔다면, 이 5%짜리 채권은 갑자기 매력적인 자산이 된다. 사람들은 이 채권을 더 비싸게 사려고 한다. 그래서 가격이 올라간다. 반대로 시장 금리가 올라가면, 예전에 낮은 이자를 주는 채권은 매력이 떨어진다. 그래서 가격이 내려간다. 이게 바로 "채권 가격은 금리와 반대로 움직인다"는 말의 뜻이다.

채권 ETF는 여러 채권을 묶어 놓은 상품이다. 그래서 금리가 내려가는 구간에서는 ETF 안에 들어 있는 채권들의 가격이 한꺼번에 재평가되면서 ETF 가격도 같이 오른다. 여기서 중요한 건, 이 움직임이 이자 때문이 아니라 가격 변화 때문이라는 점이다. 그래서 상승 속도가 생각보다 빠르고 크게 보일 수 있다.

또 하나 영향을 주는 요소는 채권의 만기다. 만기가 긴 채권일수록 금리 변화에 더 민감하게 반응한다. 그래서 장기채 ETF는 금리가 내려갈 때 더 크게 오르고, 반대로 금리가 올라갈 때는 더 크게 흔들린다. '금리 인하'라는 말이 나오기 시작하면, 특히 장기채 ETF의 움직임이 더 커 보이는 이유가 여기에 있다.

많은 사람들은 이걸 보고 "채권도 주식처럼 크게 벌 수 있네"라고 생각한다. 하지만 이건 항상 반복되는 일이 아니다. 이 상승은 금리가 내려가는 구간에서만 나타나는 구조적 효과다. 즉, 금리가 계속 내려갈 여지가 있을 때는 채권 가격이 더 올라갈 공간이 있지만, 이미 충분히 내려온 뒤에는 이 효과도 점점 약해진다. 채권 ETF의 강한 상승은 특정 환경에서만 나타나는 장면이다.

또 하나 조심해야 할 점은 이 과정이 거꾸로도 똑같이 작동한다는 것이다. 금리가 다시 오르기 시작하면, 채권 가격은 반대로 빠지기 시작한다. 이때 장기채 ETF는 생각보다 크게 흔들릴 수 있다. 그래서 채권 ETF를 볼 때는 '안전하다'는 이미지보다 '금리 방향에 따라 가격이 움직이는 상품'이라는 구조를 먼저 떠올리는 게 맞다.

정리하면, 금리가 내려갈 때 채권 ETF가 세게 오르는 이유는 이자를 많이 주기 때문이 아니라 기존 채권의 가격이 다시 매겨지기 때문이다. 그래서 "이자가 얼마나 나오나?"가 아니라 "금리가 앞으로 어느 방향으로 움직일 가능성이 큰가?"다. 이 방향이 채권 ETF의 큰 흐름을 결정한다. 채권 ETF는 가만히 있는 안전 자산이 아니라 금리라는 축을 중심으로 움직이는 가격 자산이다.

불황에도 살아남는 AI와
전력 ETF는 뭐가 다를까?

**같은 성장 산업처럼 보여도,
돈이 들어오는 구조는 전혀 다르다.
불황에서 버티는 힘은 '기술'이 아니라 '현금 흐름 구조'에서 갈린다.**

AI와 전력 산업은 둘 다 '미래 산업'으로 자주 묶인다. 그래서 AI ETF와 전력 ETF도 비슷한 성격의 성장 투자처럼 느껴지기 쉽다. 하지만 불황이 오면, 이 둘은 전혀 다른 움직임을 보인다.

먼저 전력 산업을 보자. 전기는 경기가 좋든 나쁘든 계속 쓰인다. 그래서 전력 회사들의 매출은 경기 변동에 비교적 둔감하다.

반면 AI 산업은 기업들의 투자 지출과 밀접하게 연결돼 있다.

경기가 좋을 때는 기업들이 앞다퉈 서버를 사고, 시스템을 바꾸고, 새 기술을 도입한다. 하지만 불황이 오면, 이런 투자는 가장 먼저 미뤄지는 비용이 된다.

이 차이는 기업의 현금 흐름 구조에서 나온다. 전력 회사는 이미 깔린 설비를 바탕으로, 매달 비교적 안정적인 돈이 들어온다. 반면 AI 관련 기업들은 앞으로 벌 돈을 기대하면서 지금 투자하는 구조를 가진 경우가 많다. 그래서 시장이 불안해지면, 투자자들은 먼저 "당장 돈이 들어오는 사업" 쪽으로 이동한다. 이때 전력 ETF는 상대적으로 덜 흔들리고, AI ETF는 더 크게 출렁이는 모습을 보이기 쉽다.

이건 기술의 우열 문제가 아니다. 돈이 언제 들어오느냐의 문제다. 불황일수록 시장은 먼 미래의 이야기보다 지금의 현금 흐름을 더 중요하게 본다.

또 하나 중요한 차이는 부채와 투자 부담이다. AI 관련 기업들은 경쟁이 치열하기 때문에 계속해서 큰 투자를 이어가야 하는 경우가 많다. 반면 전력 회사들은 이미 만들어진 인프라를 운영하는 비중이 크기 때문에 투자 규모가 비교적 안정적이다.

이런 차이는 금리 환경이 나빠질 때 더 크게 드러난다. 금리가 높거나 자금이 빡빡해질수록 지금 당장 돈을 못 벌고 있는 기업들은 더 큰 평가 절하를 받는다. 그래서 불황 구간에서는 '미래에

커질 산업'보다 '지금도 버는 산업'이 더 강해 보이는 장면이 자주 나온다. 이게 전력 ETF가 상대적으로 버티는 이유다.

그렇다고 AI ETF가 나쁘다는 뜻은 아니다. 경기가 다시 살아나고, 기업 투자가 늘어나는 국면에서는 AI ETF가 훨씬 빠르고 크게 움직일 수 있다. 이 둘은 싸우는 관계가 아니라 국면이 다른 자산이다. 문제는 많은 사람이 이걸 같은 성격의 성장 ETF로 묶어서 생각한다는 점이다. 그러면 불황에서 "왜 이건 이렇게 약하지?"라는 오해가 생긴다.

정리하면, 불황에서 AI와 전력 ETF의 차이는 기술의 차이가 아니라 돈이 들어오는 구조의 차이에서 나온다. 하나는 지금 벌고 있는 산업, 다른 하나는 앞으로 벌 걸 기대하는 산업이다. 그래서 이 둘을 고를 때 다음과 같은 부분을 고려해 봐야 한다. "어느 기술이 더 좋을까?"가 아니라 "지금 시장이 좋아하는 건 '현재의 돈'일까, '미래의 기대'일까?"다.

반도체 vs 로봇,
앞으로 10년 승자는 누구일까?

**두 산업 모두 중요하지만,
움직이는 속도와 돈 버는 방식은 전혀 다르다.
"누가 이길까"보다 "어떤 역할을 하게 될까"로 봐야 그림이 보인다.**

반도체와 로봇은 둘 다 미래 산업의 대표 주자처럼 불린다. 그래서 투자할 때도 "둘 중 뭐가 더 크게 오를까?"라는 질문이 먼저 나온다. 하지만 이 질문은 조금 방향이 어긋나 있다. 이 둘은 같은 경기에서 같은 방식으로 싸우는 산업이 아니기 때문이다.

먼저 반도체를 보자. 반도체는 거의 모든 산업의 바닥에 깔린 부품이다. 스마트폰, 자동차, 서버, 가전제품까지, 안 들어가는 곳이 없다. 그래서 반도체 산업은 경기와 함께 크게 움직이는 성격을 가진다.

경기가 좋아지면, 기업들은 설비를 늘리고, 제품을 더 만들고, 서버를 더 깐다. 이 과정에서 반도체 수요는 한꺼번에 늘어난다. 그래서 반도체 업종은 좋을 때는 매우 빠르게 회복하고, 많이 오르는 모습을 보인다. 반대로 경기가 나빠지면 재고가 쌓이고, 주문이 줄어든다. 그러면 반도체 업종은 생각보다 크게 흔들린다. 이게 반도체가 변동성이 큰 산업으로 불리는 이유다.

로봇 산업은 성격이 조금 다르다. 로봇은 사람의 일을 대신하는 설비 투자에 가깝다. 즉, 기업이 "지금 당장 더 만들어야 한다"기보다 "앞으로 비용을 줄이기 위해 구조를 바꿔야 한다"고 판단할 때 투자가 늘어난다. 그래서 로봇 산업의 성장은 한 번에 폭발하기보다 비교적 천천히 쌓이는 경우가 많다. 대신 인건비 상승이나 인력 부족 같은 구조적 문제가 계속되는 한, 수요는 쉽게 사라지지 않는다.

이 차이는 돈이 들어오는 방식에서도 드러난다. 반도체는 경기 사이클에 따라 수익이 크게 출렁이는 산업이고, 로봇은 도입이 결정되면 비교적 오래 이어지는 프로젝트성 수익이 많은 산업이다. 그래서 '앞으로 10년'이라는 긴 시간을 놓고 보면, 둘 중 하나가 완전히 이기고, 하나가 지는 그림보다는 서로 다른 역할로 같이 커지는 그림에 가깝다.

문제는 투자자가 이 둘을 같은 성격의 성장주처럼 놓고 비교한다는 점이다. 그러면 "왜 이쪽은 이렇게 느리지?" "왜 저쪽은 이렇게 출렁이지?" 같은 오해가 생긴다.

반도체 ETF는 경기 회복 구간에서 더 빠르게 움직일 가능성이 크고, 로봇 ETF는 구조 변화가 누적되는 구간에서 더 꾸준히 힘을 받을 가능성이 크다. 또 하나 중요한 점은 이 둘은 서로 경쟁 관계가 아니라 서로를 필요로 하는 관계라는 것이다. 로봇이 늘어날수록 그 안에 들어가는 반도체 수요도 같이 늘어난다.

즉, "누가 승자냐"라는 질문은 조금 잘못된 질문이다. 더 정확한 질문은 "이 둘을 내 포트폴리오에서 어떤 역할로 쓸 것인가?"다.

정리하면, 반도체와 로봇은 속도가 다른 성장 산업이다. 하나는 사이클에 민감한 엔진, 다른 하나는 구조 변화를 밀어주는 톱니바퀴에 가깝다. 그래서 ETF로 접근할 때는 "어느 쪽이 더 세게 오를까?"보다 "내 포트폴리오에서 어느 쪽의 성격이 더 필요할까?"를 먼저 생각하는 게 더 현실적이다.

ETF 투자는 미래를 맞히는 게임이 아니라 서로 다른 성격의 자산을 어떻게 조합하느냐의 게임이다. 반도체와 로봇은 그 조합을 생각하게 만드는 좋은 대비 쌍이다.

비트코인 ETF,
내 자산의 몇 %까지가 안전할까?

**비트코인은 '조금만 들어가도' 포트폴리오 성격을 크게 바꾼다.
문제는 "가질 거냐 말 거냐"가 아니라 "얼마까지가 감당 가능한가"다.**

비트코인 ETF가 생기면서 많은 사람들이 이 질문을 하게 되었다. "나도 조금은 가져가야 하나?" "근데 몇 %까지가 적당할까?" 비트코인은 움직임이 워낙 크기 때문에 비중을 어떻게 정하느냐가 종목 선택보다 훨씬 중요한 문제가 된다.

먼저 분명히 해야 할 게 있다. 비트코인은 주식이나 채권과 성격이 완전히 다른 자산이다. 현금 흐름이 있는 것도 아니고, 배당이 나오는 것도 아니다. 가격은 사람들의 기대와 수요에 의해 크게 움직인다. 그래서 오를 때도 빠를 수 있지만, 떨어질 때도 매우 빠르다.

이 특징 때문에 비트코인을 포트폴리오에 넣는 순간, 계좌 전체의 변동성이 눈에 띄게 커진다. 5%만 넣어도 시장이 크게 움직일 때는 체감상 그 이상으로 느껴질 때가 많다.

예를 들어 보자. 내 자산의 10%를 비트코인 ETF에 넣었다고 하자. 비트코인이 반토막이 나면, 계좌 전체는 5%가 아니라 심리적으로는 훨씬 크게 흔들린다. 왜냐하면 다른 자산보다 움직임이 훨씬 눈에 띄기 때문이다.

많은 사람들은 "조금만 넣었으니까 괜찮겠지"라고 생각한다. 하지만 문제는 가격 변화의 크기다. 비트코인은 같은 10% 비중이라도 주식 10%와는 전혀 다른 체감을 만든다. 그래서 이 자산을 볼 때 중요한 질문은 "얼마나 오를 수 있나?"가 아니라 "얼마나 떨어져도 버틸 수 있나?"다. 이 질문에 대한 답이 내가 가져갈 수 있는 최대 비중이다.

또 하나 중요한 점은 비트코인은 포트폴리오의 '양념'에 가깝다는 것이다. 주재료가 될 수 있는 자산이 아니라 조금 넣어서 성격을 바꾸는 역할에 더 가깝다. 이걸 거꾸로 쓰면, 계좌 전체가 비트코인의 변동성에 끌려다니게 된다. 그래서 현실적인 접근은 "없어도 괜찮지만, 있으면 재미를 더하는 정도"의 비중에서 시작하는 것이다. 이 선을 넘으면, 투자는 점점 관리하기 어려운 상태로 바뀐다.

여기서 중요한 건, 정답 비율은 사람마다 다르다는 점이다. 자산 규모, 다른 자산 구성, 그리고 변동성을 얼마나 편하게 견디는지에 따라 감당 가능한 비중은 완전히 달라진다. 하지만 공통적인 기준 하나는 있다. "이게 반토막 나도, 포트폴리오를 건드리지 않을 수 있는가?" 이 질문에 "아니다"라는 답이 나오면, 비중은 이미 과하다.

또 하나 기억해야 할 점은 비트코인 ETF는 '기회 자산'이지 '기초 자산'이 아니라는 것이다. 주식이나 채권처럼 계좌의 뼈대를 맡길 자산은 아니다. 어디까지나 보조 엔진에 가깝다.

정리하면, 비트코인 ETF의 적정 비중은 "얼마까지가 안전한가?"라는 질문이 아니라 "얼마까지 떨어져도 내가 흔들리지 않는가?"에서 정해져야 한다. 이 기준을 넘는 순간, 투자는 전략이 아니라 도박에 가까워진다. 그래서 이 자산을 포트폴리오에 넣을 때는 크게 벌 생각보다 작게 넣고 오래 버틸 생각으로 접근하는 게 훨씬 현실적이다.

전 세계 ETF,
언제부터 미국 ETF보다 좋아질까?

미국 시장이 항상 제일 강하다는 믿음은 언젠가는 흔들릴 수 있다.
문제는 "언제 바꾸느냐"가 아니라 "어떻게 나눠 가느냐"다.

많은 투자자는 미국 ETF만 들고 있다. 이유는 단순하다. 그동안 제일 잘 올라왔기 때문이다. 그래서 "굳이 다른 나라에 나눌 필요가 있을까?"라는 생각이 자연스럽게 든다.

이 선택은 지금까지는 꽤 합리적이었다. 지난 수십 년 동안 미국 시장은 기술 기업과 금융 시장을 중심으로 세계에서 가장 강한 흐름을 보여 왔다. 그래서 미국 ETF 하나만 들고 있어도, 웬만한 글로벌 ETF보다 결과가 좋았던 시기가 길었다.

하지만 여기에는 조용한 전제가 하나 들어 있다. "앞으로도 계속 그럴 것이다"라는 전제다. 이 전제가 항상 맞는지는 아무도 장담할 수 없다. 주식 시장의 역사에서 항상 같은 나라가 제일 강했던 적은 없다. 어느 시기에는 미국이, 어느 시기에는 다른 나라들이 더 좋은 성과를 낸 적도 많았다. 주도 시장은 시대에 따라 바뀌어 왔다.

또 하나 중요한 점은 미국 시장의 비중이 이미 매우 커졌다는 사실이다. 글로벌 지수에서 미국이 차지하는 비중은 과거보다 훨씬 크다. 이 말은 앞으로도 계속 같은 속도로 앞서 나가려면, 더 큰 에너지가 필요하다는 뜻이기도 하다. 그래서 "전 세계 ETF가 언제부터 미국 ETF를 이길까?"라는 질문은 정확히 맞히기 어려운 질문이다. 이건 미래 예측의 영역이기 때문이다.

하지만 더 중요한 질문은 따로 있다. "왜 굳이 한 나라에만 걸어야 할까?"라는 질문이다. 한 나라가 계속 잘해 줄 거라는 가정에 내 계좌 전체를 맡기는 구조가 정말 편한 선택인지 생각해 볼 필요가 있다. 전 세계 ETF는 어느 한 나라가 아니라 여러 나라에 나눠 투자하는 구조다. 그래서 한 나라가 부진해도, 다른 나라가 그 빈자리를 채워 줄 수 있다. 이게 분산의 의미다.

물론, 이렇게 나누면 어떤 시기에는 미국만 들고 있는 것보다 성과가 답답해 보일 수도 있다. 하지만 그 대신 특정 한 나라에 대한 의존도는 낮아진다. 이 차이는 장기일수록 더 중요해진다. 10년, 20년이라는 시간을 놓고 보면, 어느 한 나라만 계속 최고였던 적은 드물다. 그래서 이 문제는 "언제부터 바꿀까?"보다 "얼마나 나눠 둘까?"의 문제에 가깝다. 미국 ETF를 100에서 80으로 줄이고, 나머지를 전 세계로 넓히는 것만으로도 계좌의 성격은 크게 달라진다.

전 세계 ETF는 미국을 이기기 위해 사는 상품이 아니다. 미국 하나에만 걸린 위험을 나누기 위해 쓰는 상품에 가깝다. 그래서 이렇게 바뀌는 게 더 현실적이다. "언제부터 미국보다 좋아질까?"가 아니라 "내 계좌에서 미국 비중을 얼마나 줄여도 마음이 편할까?"다.

ETF 투자는 1등을 맞히는 게임이 아니라 오래 살아남는 구조를 만드는 게임이다. 전 세계 ETF는 그 구조를 조금 더 튼튼하게 만드는 재료에 가깝다.

30대·40대·50대,
ETF 전략은 어떻게 달라져야 할까?

나이는 숫자가 아니라 투자에서
사용할 수 있는 '시간'의 길이다. 전략은 수익률이 아니라
이 시간을 어떻게 쓰느냐에 맞춰 달라져야 한다.

투자 이야기를 하다 보면 "나는 몇 살인데, 어떻게 해야 할까요?"라는 질문이 자주 나온다. 이 질문에는 공통된 불안이 들어 있다. "앞으로 몇 번이나 다시 일어설 기회가 있을까?"라는 불안이다.

투자에서 나이는 단순한 나이가 아니라 실수해도 다시 회복할 수 있는 시간의 길이에 가깝다. 시간이 길면, 중간에 크게 흔들려도 다시 쌓을 기회가 남아 있다. 시간이 짧아질수록 한 번의 실수

가 결과 전체를 바꿔 버릴 가능성이 커진다. 그래서 30대, 40대, 50대의 전략은 같을 수가 없다. 이건 실력이나 용기의 문제가 아니라 쓸 수 있는 시간의 양이 다르기 때문이다.

먼저 30대를 보자. 30대의 가장 큰 자산은 아직 시간이 많이 남아 있다는 점이다. 시장이 한두 번 크게 흔들려도, 다시 올라올 시간을 충분히 확보하고 있다. 그래서 이 시기에는 성장 자산의 비중을 상대적으로 높게 가져갈 여지가 있다. 물론 이 말이 "아무렇게나 해도 된다"는 뜻은 아니다. 하지만 변동성을 견디고 다시 회복할 수 있는 시간이 있다는 점에서 전략을 조금 더 길게 보고 설계할 수 있는 시기인 건 분명하다.

30대에 가장 흔한 실수는 시간이라는 무기를 스스로 버리는 행동이다. 작은 하락에도 겁을 먹고, 너무 빨리 포기하거나 너무 자주 갈아타는 것이다. 이러면 30대의 가장 큰 장점인 '버틸 수 있는 시간'을 스스로 깎아 먹게 된다.

40대는 성격이 달라지는 구간이다. 여전히 시간이 남아 있지만, 이제는 지켜야 할 것도 같이 커진 시기다. 자녀 교육, 주거 문제, 은퇴 준비 같은 현실적인 문제들이 투자 판단에 같이 들어오기 시작한다. 그래서 40대의 전략은 성장과 안정 사이의 균형으로 이동한다. 여전히 성장 자산이 필요하지만, 계좌 전체를 한 방향에만 맡기는 구조는 점점 부담스러워진다.

40대에 흔한 실수는 마음은 이미 50대처럼 불안한데, 포트폴리오는 아직 30대처럼 짜는 것이다. 이 상태에서는 시장이 한 번 크게 흔들릴 때 멘탈이 먼저 무너지고, 계획이 깨질 수 있다.

50대는 시간의 성격이 확실히 달라지는 시기다. 이때부터는 "얼마나 더 벌 수 있을까?"보다 "얼마나 잘 지킬 수 있을까?"가 훨씬 중요해진다. 큰 손실은 돈만 줄이는 게 아니라 회복할 시간 자체를 줄여버린다. 그래서 50대의 전략은 수익의 최고점을 노리기보다 큰 흔들림을 피하는 쪽으로 무게가 옮겨간다. 변동성이 작은 자산의 비중이 계좌의 안정성을 지켜주는 역할을 하기 시작한다.

50대에 흔한 실수는 "이제 만회해야 한다"는 생각으로 오히려 더 위험한 선택을 하는 것이다. 이 시기의 무리한 선택은 회복이 아니라 구조를 무너뜨리는 방향으로 이어지기 쉽다. 중요한 건, 이 변화가 어느 날 갑자기 한 번에 일어나는 게 아니라는 점이다. 39세에서 40세가 되었다고, 전략이 하루아침에 바뀌는 건 아니다. 시간이 흐르면서 조금씩 중심이 이동하는 과정이다.

또 하나 기억해야 할 건, 나이만으로 모든 걸 결정할 수는 없다는 점이다. 자산 규모, 소득의 안정성, 이미 마련된 준비 수준에 따라 같은 나이여도 전략은 충분히 달라질 수 있다. 그래서 "나는 몇 살인가?"가 아니라 "이 돈을 언제까지 써야 하는가?"다.

이 질문에 대한 답이 ETF 비율 설계의 출발점이 된다.

정리하면, 나이에 따른 전략 변화는 공격에서 방어로 바뀌는 단순한 이야기가 아니다. 시간이라는 자산을 어떻게 관리하느냐의 문제다. ETF 투자는 한 번의 선택으로 끝나는 게임이 아니라 인생의 단계에 맞춰 계속 구조를 바꿔 가는 관리 작업에 가깝다. 30대, 40대, 50대의 전략이 달라지는 건, 아주 자연스럽고 반드시 필요한 변화다.

인도·일본 ETF를 샀는데,
수익이 생각보다 안 나는 이유는?

**같은 성장 이야기라도, 실제 수익은
'환율'과 '출발선'에서 크게 갈린다. 지수는 올랐는데 계좌가 답답할 때,
원인은 종종 종목이 아니라 구조에 있다.**

인도나 일본 ETF를 사는 이유는 분명하다. "성장한다", "회복한다" 같은 이야기가 많기 때문이다. 그래서 뉴스에서 그 나라 주가지수가 올랐다는 말을 들으면, 내 ETF도 같이 잘 나가고 있을 거라고 기대한다. 그런데 막상 계좌를 열어 보면, 생각보다 수익이 시원치 않은 경우가 적지 않다. 이때 많은 사람들은 "상품을 잘못 골랐나?"부터 의심한다. 하지만 실제로는 종목이 아니라 구조 때문에 이런 일이 생기는 경우가 훨씬 많다.

첫 번째 이유는 환율이다. 인도나 일본 주식시장은 그 나라 통화 기준으로 움직인다. 하지만 우리는 원화로 투자 결과를 본다. 이 사이에 환율이라는 한 단계가 끼어 있다. 예를 들어 보자. 인도 주가지수가 10% 올랐다고 하자. 그런데 같은 기간에 원화 대비 루피화 가치가 7% 떨어졌다면, 원화로 계산한 내 수익은 10%가 아니라 3% 수준이 된다. 지수는 잘 갔는데, 계좌는 답답해 보이는 이유다.

일본도 마찬가지다. 일본 주식시장이 오르더라도 엔화가 약해지는 방향이면, 원화 기준 수익률은 생각보다 많이 깎인다. 그래서 "뉴스는 좋은데, 내 ETF는 왜 이래?"라는 느낌이 생긴다.

두 번째 이유는 출발선의 문제다. 많은 해외 ETF는 관심이 한꺼번에 몰릴 때 가격이 먼저 뛰어오른 상태에서 사람들이 사는 경우가 많다. 즉, 좋은 이야기가 이미 가격에 상당 부분 반영된 뒤에 들어가는 것이다. 이 상태에서 시장이 실제로 좋아져도, 추가로 더 오를 공간은 생각보다 크지 않을 수 있다. 그래서 체감 수익이 기대보다 작아진다. 이건 그 나라가 나빠서가 아니라 내가 이미 비싼 출발선에서 시작했기 때문이다.

세 번째 이유는 ETF 자체의 비용 차이다. 해외 시장 ETF에는 운용보수, 환전 비용, 거래 과정의 비용이 겹쳐 들어간다. 이건 한 번에 크게 보이지 않지만, 수익의 일부를 계속 깎아 먹는다.

또 어떤 ETF는 지수를 완전히 똑같이 따라가지 못하는 구조를 가지고 있다. 이 차이는 하루하루는 잘 안 느껴지지만, 시간이 지나면 지수와의 간격으로 쌓인다.

네 번째로, 그 나라 시장의 성격도 생각해야 한다. 인도나 일본 시장은 미국처럼 항상 꾸준히 한 방향으로 가는 시장이 아니다. 중간에 오랫동안 횡보하거나 급하게 꺾이는 구간도 자주 나온다. 그래서 '성장 스토리'만 믿고 들어가면, 그 성장의 과정이 생각보다 훨씬 울퉁불퉁하다는 사실을 뒤늦게 체감하게 된다. 이 과정에서 수익률은 훨씬 답답하게 느껴질 수 있다.

다섯 번째 이유는 비중의 문제다. 많은 경우, 이런 해외 ETF는 포트폴리오의 일부로만 들어가 있다. 10%나 15% 비중이면, 그 자산이 20% 올라도, 계좌 전체에서는 2~3% 변화 밖에 안 보인다. 그래서 "오르긴 올랐는데, 느낌이 없다"는 말이 나온다.

이 다섯 가지를 종합해 보면, 뉴스와 계좌 사이의 거리는 생각보다 크게 벌어진다. 뉴스는 현지 지수 기준이고, 내 계좌는 원화 기준, 비용 차감 후, 비중 반영 후 숫자이기 때문이다.

자식에게 물려줘도 될 ETF,
고를 때 딱 3가지만 보면 된다

**장기 보유 ETF는 "얼마나 오를까"보다
"얼마나 오래 살아남을까"가 더 중요하다.
복잡한 조건 대신 끝까지 버틸 수 있는 구조인지부터 확인해야 한다.**

'자식에게 물려줘도 될 ETF'라는 말에는 한 가지 전제가 들어 있다. 아주 오래 들고 가도, 중간에 망가지지 않을 상품이어야 한다는 전제다. 이건 단기 수익률이 좋으냐 나쁘냐와는 전혀 다른 기준이다.

아주 오래 들고 갈 자산을 고를 때, 많은 사람들은 "요즘 잘 나가는 산업"부터 떠올린다. 하지만 10년, 20년, 30년을 생각하면, 유행은 몇 번이나 바뀐다. 그때마다 산업의 중심도 같이 이동한다. 그래서 장기 보유 ETF를 고를 때 제일 중요한 기준은 "이게 몇 년 더 오를까?"가 아니라 "이게 몇십 년 뒤에도 존재할 수 있는가?"다.

이 관점에서 보면, 복잡한 기준은 필요 없다. 딱 세 가지만 보면 된다.

첫 번째는 "시장이 충분히 넓은가"다. 전 세계 주식, 미국 전체 시장, 혹은 아주 큰 대표 지수처럼, 특정 유행이나 한두 기업에 기대지 않는 구조인지가 중요하다. 시장이 넓을수록 중간에 어떤 산업이 망해도, 다른 산업이 그 자리를 채울 수 있다.

두 번째는 "비용이 낮고 단순한 구조인가"다. 오래 들고 갈수록 매년 빠져나가는 비용의 차이는 눈덩이처럼 커진다. 구조가 단순하고, 불필요한 운용 비용이 적은 ETF일수록 시간이 내 편이 되기 쉽다.

세 번째는 "중간에 사람 판단이 많이 개입되지 않는가"다. 누군가의 판단이 계속 들어가는 구조는 잘될 때는 좋아 보여도, 틀릴 때의 위험을 같이 안고 간다. 반대로 규칙대로 자동으로 굴러가는 지수형 ETF는 사람의 실수 위험이 훨씬 적다.

이 세 가지는 화려하지 않다. 뉴스에 자주 나오지도 않고, "이번엔 이게 대세" 같은 이야기와도 거리가 멀다. 하지만 아주 오래 살아남는 자산들은 대부분 이 세 가지 조건을 가지고 있다.

여기서 많은 사람이 착각한다. "그럼 수익률은 포기해야 하나?" 하지만 이 기준은 수익을 포기하자는 기준이 아니라 수익이 쌓일 수 있는 바닥을 고르는 기준이다. 시간이 정말 길어지면, 수익률은 특별한 한두 번의 선택보다 얼마나 오래 시장에 남아 있었는지에 더 크게 좌우된다. 이때 중요한 건, 중간에 탈락하지 않는 것이다.

또 하나 중요한 점은, 이런 ETF는 지루하게 느껴질 가능성이 높다는 것이다. 남들이 특정 테마로 크게 벌었다는 이야기를 들을 때, 내 계좌는 늘 평범해 보일 수 있다. 하지만 이 평범함이 장기에서는 가장 강한 무기가 된다.

정리하면, 자식에게 물려줄 ETF를 고를 때 중요한 건, "이번 사이클에서 얼마나 벌까?"가 아니라 "다음 몇 번의 사이클을 다 버틸 수 있을까?"다. 그래서 기준은 세 가지로 충분하다. 시장 규모가 넓은가, 비용이 낮은가, 구조가 단순한가. 이 세 가지를 만족하는 ETF는 시간을 내 편으로 만든다.

ETF 투자는 기발한 선택으로 이기는 게임이 아니라 탈락하지 않고 끝까지 남아 있는 게임이다. 자식에게 물려줄 자산이라면, 더더욱 "얼마나 오래 버티는 구조인가"부터 봐야 한다.

부록은 ETF 투자를 시작할 때 가장 많이 막히는 지점인 '용어 이해'를 정리한다. 분배금, 괴리율, NAV, 운용보수, 유동성, 레버리지와 인버스, ISA와 IRP, ETN 등 실제 투자에서 반복적으로 등장하지만 정확히 설명되기 어려운 개념들을 다룬다. 각 용어는 중학생도 이해할 수 있는 수준의 설명으로 풀어 숫자와 구조를 함께 연결했다. 이 부록은 지식을 늘리기 위한 사전일 뿐만 아니라, 본문 내용을 정확히 이해하고 오해 없이 적용하기 위한 기준표 역할을 한다. ETF 투자를 '감각'이 아니라 '이해' 위에서 할 수 있도록 돕는 마지막 정리다.

ETF 투자자가
가장 알고 싶은 용어 50

1. ETF(상장지수펀드)

ETF는 여러 주식이나 자산을 한 바구니에 담아 놓은 상품이다. 이 바구니를 주식처럼 사고팔 수 있다. 예를 들어 삼성전자, 애플, 엔비디아 같은 여러 종목을 하나씩 사지 않아도, 이걸 한 번에 담은 ETF 하나만 사면 된다. 그래서 ETF는 한 번에 분산 투자를 할 수 있는 도구다. 가격은 주식처럼 계속 변하고, 장중에 언제든 사고팔 수 있다. 쉽게 말해 "여러 종목을 묶어 놓은 주식 세트"라고 생각하면 된다.

2. 순자산가치(NAV)

NAV는 ETF 안에 들어 있는 자산을 전부 더해서 1주당 얼마인지 계산한 진짜 값이다. 이 숫자는 "이 ETF의 실제 내용물 값이 얼마인가"를 보여준다. 하지만 우리가 거래할 때 보는 가격은 항상 이 NAV와 똑같지는 않다. 시장에서 사고파는 가격은 사람들의 수요에 따라 조금씩 달라진다. 그래서 ETF에는 겉으로 보이는 가격과 속에 들어 있는 진짜 값(NAV)이 따로 존재한다.

3. iNAV(실시간 추정 NAV)

iNAV는 장중에 "지금 이 ETF의 내용물 값이 이 정도일 것"이라고 추정해서 보여주는 숫자다. NAV는 하루에 한 번 계산되기 때문에 장중에는 정확한 NAV를 바로 알기 어렵다. 그래서 대신 참고용으로 iNAV를 보여준다. 이 숫자를 보면, 지금 ETF 가격이 비싼지 싼지를 대략 판단할 수 있다. 다만 iNAV는 정확한 값이 아니라 참고용이라는 점은 꼭 기억해야 한다.

4. 괴리율

괴리율은 ETF의 시장 가격과 NAV(진짜 값) 사이의 차이를 말한다. ETF를 10,000원에 사고 있는데, 실제 내용물 값은 9,800원이라면, 나는 비싸게 사는 것이다. 반대로 내용물 값이 10,200원이면, 싸게 사는 것이다. 이 차이가 클수록 시작하자마자 이득이나 손해를 안고 출발하게 된다. 그래서 ETF를 살 때는 괴리율이 큰지 작은지 꼭 확인해야 한다.

5. 추적오차

추적오차는 ETF가 따라가야 할 지수와, 실제 ETF 수익률 사이의 차이다. 예를 들어 지수는 10% 올랐는데, ETF는 9.5%만 올랐다면, 이 0.5%가 추적오차다. 이 차이는 운용 비용, 거래 비용, 운용 방식 차이 때문에 생긴다. 추적오차가 계속 크면, 좋은 지수를 따라가도 결과는 계속 나빠질 수 있다. 그래서 ETF는 지수뿐 아니라 얼마나 잘 따라가는지도 중요하다.

6. 기초지수(벤치마크)

기초지수는 이 ETF가 따라가기로 약속한 기준 성적표다. 예를 들어 코스피200, 나스닥100 같은 것이 기초지수다. ETF는 이 지수의 움직임을 최대한 비슷하게 따라가도록 만들어진다. 그래서 ETF를 볼 때는 "이 ETF가 뭘 담고 있나?"보다 "어떤 지수를 따라가나?"를 먼저 봐야 한다. ETF의 성격은 기초지수가 거의 다 결정한다.

7. 지정가 주문

지정가 주문은 "나는 이 가격에만 사고팔겠다"라고 가격을 정해 놓는 주문이다. 예를 들어 10,000원에만 사고 싶으면, 그 가격으로 주문을 걸어

둔다. 그 가격에 맞는 사람이 나타나야 거래가 된다. 그래서 원하지 않는 가격에 거래될 위험은 적지만, 아예 거래가 안 될 수도 있다. ETF 거래에서는 시장가보다 지정가가 더 안전한 경우가 많다.

8. 시장가 주문

시장가 주문은 "가격 상관없이 지금 바로 사고팔겠다"라는 주문이다. 빨리 거래는 되지만, 내가 생각한 가격보다 훨씬 비싸게 사거나 싸게 팔릴 수도 있다. 특히 거래가 적은 ETF에서는 이 위험이 더 커진다. 그래서 시장가 주문은 편하지만 위험한 주문 방식이다. ETF에서는 가급적 신중하게 쓰는 게 좋다.

9. LP(유동성공급자)

LP는 ETF가 항상 사고팔 수 있게 가격을 맞춰 주는 역할을 하는 기관이다. 이들이 중간에서 매수·매도 주문을 깔아 주기 때문에 ETF는 주식처럼 거래가 된다. 만약 LP가 제 역할을 못 하면, 가격이 이상하게 벌어지거나 거래가 잘 안 되는 상황이 생길 수 있다. 그래서 ETF의 유동성 뒤에는 항상 LP의 역할이 있다.

10. 스프레드(매수·매도 가격 차이)

스프레드는 사려는 가격과 팔려는 가격 사이의 간격이다. 이 간격이 좁으면, 사고팔 때 손해가 거의 없다. 하지만 이 간격이 넓으면, 사는 순간 손해, 파는 순간 또 손해를 본다. 거래가 적은 ETF일수록 이 간격이 넓어지는 경우가 많다. 그래서 ETF를 고를 때는 스프레드가 넓지 않은지도 꼭 봐야 한다.

11. CU(설정·환매 단위, Creation Unit)

CU는 ETF를 새로 만들거나 없앨 때 쓰는 최소 묶음 단위다. ETF는 아무 때나 한 주씩 찍어내는 구조가 아니다. 일정한 수량 묶음 단위로만 새로 만들어지거나 사라진다. 이 구조 덕분에 ETF의 가격이 NAV와 크게 벌어지지 않도록 조절된다. 일반 투자자는 CU를 직접 다룰 일은 없지만, ETF 가격이 안정적으로 유지되는 핵심 장치라고 보면 된다.

12. PDF(포트폴리오 구성내역)

PDF는 이 ETF 안에 어떤 종목들이 어떤 비율로 들어 있는지를 적어 놓은 목록이다. 쉽게 말해 ETF의 재료표다. 운용사는 이 내용을 매일 공개한다. 이걸 보면, 이 ETF가 정말 어떤 자산에 투자하고 있는지를 알 수 있다. ETF를 살 때는 이름만 보지 말고, PDF를 한 번 보는 습관이 굉장히 중요하다.

13. 레버리지 ETF

레버리지 ETF는 지수 움직임을 2배, 3배로 따라가도록 만든 ETF다. 지수가 1% 오르면, 이 ETF는 2% 또는 3% 오르게 설계돼 있다. 반대로 떨어질 때도 똑같이 몇 배로 더 크게 떨어진다. 그래서 단기간에는 수익이 커 보일 수 있지만, 오래 들고 있으면 구조적으로 손해가 쌓이기 쉬운 상품이다. 장기 투자용이 아니라 짧은 기간용 도구에 가깝다.

14. 인버스 ETF

인버스 ETF는 지수가 떨어질 때 오르고, 지수가 오르면 떨어지는 ETF다. 쉽게 말해 시장 반대 방향으로 움직이는 상품이다. 하락장에서 수익을 내기 위해 만들어졌다. 하지만 이 역시 매일의 움직임을 기준으로 설계된 구조라, 오래 들고 있으면 생각과 다른 결과가 나올 수 있다. 인버스 ETF도 단기용 도구로 이해하는 게 맞다.

15. 합성형 ETF

합성형 ETF는 실제 주식을 들고 있지 않고, 계약을 통해 지수를 따라가는 ETF다. 예를 들어 "이 지수만큼 수익을 주겠다"는 약속을 맺는 방식이다. 그래서 구조가 조금 더 복잡하고, 상대방이 약속을 못 지킬 위험도 이론적으로는 존재한다. 물론 관리 장치가 있지만, 일반적인 ETF보다 구조가 한 단계 더 들어간 상품이라는 점은 알고 있어야 한다.

16. 환헤지 ETF

환헤지 ETF는 환율 변동의 영향을 최대한 줄이도록 만든 ETF다. 예를 들어 미국 주식에 투자해도, 달러-원 환율 변동 때문에 생기는 손익을 막아주는 구조다. 그래서 해외 시장이 올랐는데도 환율 때문에 손해 보는 일을 줄일 수 있다. 대신 환헤지를 하는 데 추가 비용이 들어간다. 즉, 환율 변동을 줄이는 대신 비용을 내는 구조다.

17. 환노출 ETF

환노출 ETF는 환율 변동을 그대로 받는 ETF다. 해외 주식이 오르고, 동시에 달러가 강해지면 수익이 더 커질 수 있다. 반대로 주식이 올라도 환율이 내려가면 수익이 줄어들 수 있다. 이게 환노출이다. 즉, 이 ETF는 '주식 성과 + 환율 성과'를 함께 안고 가는 구조다.

18. PR형 ETF(Price Return)

PR형 ETF는 배당을 빼고, 가격 움직임만 따라가는 ETF다. 지수가 오르 내리는 것만 반영한다. 배당이 나와도, 그 배당은 ETF 가격에 다시 포함 되지 않는다. 그래서 장기 수익률은 TR형 ETF보다 낮아 보이는 경우가 많다. "이 ETF는 배당을 어떻게 처리하나?"를 볼 때, PR인지 TR인지 꼭 확인해야 한다.

19. TR형 ETF(Total Return)

TR형 ETF는 배당까지 포함해서 다시 재투자한 것처럼 계산해 주는 ETF 다. 배당이 나오면, 그걸 다시 ETF 안에 넣은 효과가 반영된다. 그래서 장기적으로 보면 PR형보다 수익률이 더 높게 나오는 구조다. 장기 투자 라면, TR 구조인지 아닌지는 매우 중요한 차이를 만든다.

20. 상장폐지

상장폐지는 ETF가 거래소에서 더 이상 거래되지 않게 되는 것이다. 이게 되면 ETF는 팔 수 없게 되고, 대신 청산 절차를 거쳐 현금으로 돌려받게 된다. 상장폐지는 망했다는 뜻은 아니지만, 원하지 않는 시점에 강제로 정리되는 상황이 될 수 있다. 그래서 ETF를 고를 때는 너무 규모가 작고 인기 없는 상품은 피하는 게 좋은 이유가 된다.

21. 분배금(배당)

분배금은 ETF가 안에 들어 있는 주식이나 자산에서 생긴 이익을 나눠 주 는 돈이다. 주식의 배당과 비슷한 개념이다. ETF마다 분배금을 주는 주 기가 다르다. 어떤 것은 1년에 한 번, 어떤 것은 1년에 여러 번, 어떤 것은 매달 준다. 분배금을 받으면 내 계좌로 현금이 들어온다. 다만 분배금을 받는 순간, ETF 가격은 그만큼 내려간다는 점도 함께 이해해야 한다.

22. 배당수익률

배당수익률은 내가 투자한 돈에 비해, 1년에 분배금을 얼마나 받는지를 퍼센트로 나타낸 값이다. 예를 들어 100만 원을 투자해서 1년에 5만 원을 받으면 배당수익률은 5%다. 이 숫자가 높으면 좋아 보이지만, 항상 좋은 것만은 아니다. 분배금이 많은 대신 가격이 계속 떨어지는 ETF도 있기 때문이다. 그래서 배당수익률은 항상 가격 변화와 함께 봐야 한다.

23. 유동성(거래량)

유동성은, 이 ETF가 얼마나 잘 사고팔리는지를 보여주는 개념이다. 거래량이 많으면, 원하는 가격에 비교적 쉽게 사고팔 수 있다. 거래량이 적으면 사려 해도 없고, 팔려 해도 안 팔리는 상황이 생길 수 있다. 유동성이 나쁜 ETF는 스프레드도 커지고 손해를 보기 쉬워진다. 그래서 ETF를 고를 때는 항상 거래량도 같이 보는 게 기본이다.

24. 증권거래세(국내 ETF 세금 구조)

국내 주식형 ETF는 매도할 때 증권거래세가 붙지 않는다. 이건 일반 주식과 다른 중요한 차이다. 대신 ETF 종류에 따라 다른 방식의 세금이 붙을 수 있다. 이 구조 때문에 국내 ETF는 세금 면에서 유리한 경우가 많다. 그래서 "세금까지 포함한 실제 수익"을 계산할 때는 ETF와 개별 주식을 구분해서 봐야 한다.

25. 해외 ETF 과세

해외 ETF는 국내 ETF와 세금 구조가 다르다. 배당에는 먼저 외국에서 세금을 떼고, 나중에 국내 세금이 다시 계산된다. 또 매매 차익에는 양도소득세가 붙는다. 그래서 해외 ETF는 수익률이 같아 보여도, 손에 남는 돈은 달라질 수 있다. 이 때문에 해외 ETF는 세금까지 같이 계산하고 들어가야 하는 상품이다.

26. ISA 계좌

ISA 계좌는 세금을 줄여 주기 위해 만든 통장이다. 주식이나 ETF를 사고 팔아 생긴 이익을 한 계좌에 모아 관리할 수 있다. 일정 금액까지는 이익에 세금을 거의 내지 않거나 아예 안 낸다. 그래서 장기간 투자할수록 남는 돈이 더 많아지는 구조다.

27. IRP 계좌

IRP 계좌는 퇴직금과 노후 자금을 함께 굴리는 전용 통장이다. 매년 넣은 돈의 일부를 세금에서 바로 돌려받을 수 있다. 대신 돈을 은퇴 전까지 쉽게 꺼낼 수 없게 막아 둔다. 그래서 오래 모을수록 노후에 쓸 돈이 안정적으로 쌓인다.

28. 성장주 vs 가치주

성장주는 앞으로 더 크게 커질 것으로 기대되는 회사들이고, 가치주는 이미 튼튼한데 상대적으로 싸 보이는 회사들이다. 이 둘은 잘 되는 시기가 번갈아 가며 온다. 그래서 한쪽만 고집하면, 오래 답답한 구간을 견뎌야 할 수도 있다. ETF에서는 이 둘을 섞어서 담는 방식이 자주 쓰인다.

29. PER(주가수익비율)

PER은 주가가 그 회사 이익의 몇 배인지를 보여주는 숫자다. 예를 들어 PER이 10이면, 1년 이익의 10배 가격이라는 뜻이다. 이 숫자가 낮으면 싸 보이고, 높으면 비싸 보인다. 하지만 산업마다 회사마다 기준은 다르다. 그래서 PER은 혼자서 쓰기보다 비교할 때 쓰는 도구다.

30. EPS(주당순이익)

EPS는 한 주당 회사가 얼마나 돈을 벌었는지를 나타내는 숫자다. 회사가 돈을 잘 벌수록 EPS는 커진다. 이 숫자는 주가의 기초 체력 같은 역할을 한다. 장기적으로 주가는 이익이 늘어나는 방향으로 움직일 가능성이 크다. 그래서 EPS는 회사가 정말 성장하고 있는지 보는 기본 지표다.

31. 베타(Beta)

베타는 이 자산이 시장 전체보다 얼마나 크게 흔들리는지를 보여주는 숫자다. 베타가 1이면 시장과 비슷하게 움직이고, 1보다 크면 시장보다 더 크게 오르내린다. 1보다 작으면 덜 흔들린다. 공격적인 자산인지, 안정적인 자산인지 성격을 가늠하는 참고 숫자다. 다만 베타 하나만 보고 투자 결정을 하면 위험하다. 성격을 이해하는 보조 지표로 쓰는 게 맞다.

32. 샤프지수(Sharpe Ratio)

샤프지수는 "같은 위험을 감수하고, 얼마나 효율적으로 수익을 냈는가"를 보여주는 숫자다. 이 값이 높을수록 덜 흔들리면서 잘 번 투자였다는 뜻이다. 단순히 수익률만 높은 것보다 얼마나 안정적으로 벌었는지를 같이 본다. 장기 투자에서는 이 숫자가 높은 자산이 마음이 편한 경우가 많다.

33. 변동성(Volatility)

변동성은 가격이 얼마나 심하게 오르내리는지를 말한다. 변동성이 크면, 하루하루 계좌가 크게 흔들린다. 변동성이 작으면, 움직임이 비교적 잔잔하다. 수익 기회는 변동성이 클수록 커질 수 있지만, 스트레스와 실수도 같이 커진다. 자기 성격에 맞는 변동성을 고르는 게 아주 중요하다.

34. 분산투자

분산투자는 한 곳에 몰아 넣지 않고, 여러 자산에 나눠 담는 것이다. 어떤 자산이 망해도, 다른 자산이 버팀목이 되게 만드는 구조다. 이 방법은 수익을 폭발시키지는 않지만, 큰 실패를 막아 준다. 투자에서 정말 치명적인 건, 한 번의 큰 실수다. 분산투자는 그 실수를 막기 위한 기본 안전장치다.

35. 시장지수(KOSPI, KOSDAQ 등)

시장지수는 시장 전체 성적표다. 코스피, 코스닥, S&P500, 나스닥 같은 것이 여기에 해당한다. 이 숫자는 "지금 시장 전체가 잘 가고 있나 못 가고 있나"를 보여준다. ETF 대부분은 이 지수를 기준으로 만들어진다. 그래서 투자 성과를 볼 때는 항상 시장지수와 비교하게 된다.

36. 테마 ETF

테마 ETF는 AI, 반도체, 2차전지 같은 특정 주제에만 집중 투자하는 ETF다. 잘 맞으면 아주 빠르게 오를 수 있다. 하지만 유행이 꺾이면, 아주 오래 회복하지 못 할 수도 있다. 테마 ETF는 양념 같은 존재다. 중심 자산이 아니라 조심스럽게 쓰는 보조 수단으로 보는 게 맞다.

37. 섹터 ETF

섹터 ETF는 금융, 헬스케어, IT 같은, 한 업종 전체에 투자하는 ETF다. 개별 종목보다는 조금 더 안정적이지만, 여전히 특정 산업에 집중된 투자다. 경기 상황에 따라 잘 나가는 섹터가 바뀐다. 그래서 섹터 ETF는 시장 흐름을 읽는 도구로 많이 쓰인다.

38. 채권 ETF

채권 ETF는 국채나 회사채 같은 채권에 투자하는 ETF다. 주식보다 변동성이 작고, 비교적 안정적인 성격을 가진다. 특히 금리가 내려갈 때, 가격이 오르는 경우가 많다. 포트폴리오에서 채권 ETF는 흔들림을 줄여 주는 완충 장치 역할을 한다.

39. 원자재 ETF

원자재 ETF는 금, 은 원유 같은 자원 가격에 투자하는 ETF다. 주식이나 채권과 움직임이 다른 경우가 많다. 그래서 분산투자용으로 쓰이기도 한다. 다만 구조가 복잡한 상품도 많고, 보유 비용이 계속 빠지는 경우도 있다. 그래서 원자재 ETF는 구조를 이해하고 쓰는 게 특히 중요하다.

40. 리밸런싱

리밸런싱은 처음 정해 둔 비율로 자산 비중을 다시 맞추는 작업이다. 주식이 너무 많이 오르면 조금 줄이고, 채권이 줄어들면 다시 늘린다. 이 과정은 자동으로 고점에서 조금 팔고, 저점에서 조금 사는 효과를 낸다. 감정 대신 규칙으로 투자하게 만들어 주는 장치다.

41. 배당재투자

배당재투자는 받은 분배금을 다시 ETF나 주식에 넣는 것이다. 이렇게 하면 복리 효과가 생긴다. 처음에는 차이가 작아 보이지만, 시간이 길어질수록 눈덩이처럼 커진다. 장기 투자에서는 배당을 쓰느냐, 다시 넣느냐가 결과를 크게 바꾼다.

42. 손익분기점

손익분기점은 내가 본 손해와 비용을 다 만회하고 0이 되는 지점이다. 예를 들어 20% 떨어졌으면, 다시 25% 올라야 본전이다. 손실이 클수록 회복이 훨씬 어려워진다. 그래서 투자에서는 크게 잃지 않는 게 가장 중요하다.

43. 공매도

공매도는 주식을 빌려서 먼저 팔고, 나중에 다시 사서 갚는 투자 방식이다. 가격이 떨어지면 차익이 생긴다. 하지만 가격이 오르면, 손실에는 한계가 없다. 구조적으로 아주 위험한 방식이기 때문에 초보 투자자는 원리를 이해하는 정도면 충분하다.

44. 가격제한폭(±30%)

가격제한폭은 하루에 오르거나 내릴 수 있는 최대 폭이다. 한국 주식시장은 보통 ±30%로 제한돼 있다. 이 제도는 너무 급격한 폭락이나 폭등을 막기 위한 안전장치다. 하지만 이 한계까지 자주 가는 종목은 그만큼 위험하다는 신호이기도 하다.

45. 조건부지정가 주문

조건부지정가 주문은 상황에 따라 시장가처럼, 또는 지정가처럼 바뀌는 주문이다. 처음에는 지정가로 내지만, 마감이 가까워지면 시장가처럼 바뀐다. 거래가 안 되고 끝나는 걸 막기 위한 장치다. 다만 상황에 따라 생각보다 나쁜 가격에 체결될 수도 있다. 구조를 이해하고 써야 한다.

46. 최유리·최우선 지정가 주문

최유리 지정가는 지금 나와 있는 가격 중 가장 유리한 쪽으로 주문을 내는 방식이다. 최우선 지정가는 호가 맨 앞줄에 서는 방식이다. 둘 다 빨리 체결되게 하려는 주문 방식이다. 하지만 시장이 얇을 때는 생각보다 불리한 가격이 될 수도 있다.

47. T+2 결제

T+2는 주식을 사고팔아도, 실제 돈이 오가는 건 이틀 뒤라는 뜻이다. 오늘 팔았다고 해서 오늘 바로 돈을 쓸 수 있는 건 아니다. 이 구조를 모르고 있으면, 자금 계획이 꼬일 수 있다. 특히 여러 번 사고팔 때는 결제일을 꼭 의식해야 한다.

48. ETF 운용보수

운용보수는 ETF를 관리해 주는 대가로 매년 빠져나가는 비용이다. 따로 돈을 내는 느낌은 없지만, ETF 안에서 매일 조금씩 차감된다. 숫자가 작아 보여도, 오래 쌓이면 큰 차이가 된다. 장기 투자일수록 보수는 아주 중요한 요소다.

49. ETF 추적대상 변경

ETF는 가끔 따라가던 지수를 바꾸거나 구성 방식을 바꾸는 경우가 있다. 이러면 성격이 완전히 달라질 수도 있다. 예전에 생각한 투자와, 지금의 ETF가 다른 상품이 될 수 있다. 그래서 ETF는 가끔 공시를 확인하는 습관이 필요하다.

50. ETF 설정·환매 구조

ETF는 수요가 많으면 새로 만들어지고, 수요가 줄면 줄어드는 구조다. 이 과정을 설정과 환매라고 부른다. 이 구조 덕분에 ETF 가격은 NAV에서 크게 벗어나지 않도록 조절된다. 이 시스템이 ETF가 펀드이면서도 주식처럼 거래될 수 있는 핵심 이유다.

■ **독자 여러분의 소중한 원고를 기다립니다** ────────────────

메이트북스는 독자 여러분의 소중한 원고를 기다리고 있습니다. 집필을 끝냈거나 집필중인 원고가 있으신 분은 khg0109@hanmail.net으로 원고의 간단한 기획의도와 개요, 연락처 등과 함께 보내주시면 최대한 빨리 검토한 후에 연락드리겠습니다. 머뭇거리지 마시고 언제라도 메이트북스의 문을 두드리시면 반갑게 맞이하겠습니다.

■ **메이트북스 SNS는 보물창고입니다** ────────────────

메이트북스 홈페이지 matebooks.co.kr

홈페이지에 회원가입을 하시면 신속한 도서정보 및
출간도서에는 없는 미공개 원고를 보실 수 있습니다.

───

메이트북스 유튜브 bit.ly/2qXrcUb

활발하게 업로드되는 저자의 인터뷰, 책 소개 동영상을 통해 책
에서는 접할 수 없었던 입체적인 정보들을 경험하실 수 있습니다.

───

메이트북스 블로그 blog.naver.com/1n1media

1분 전문가 칼럼, 화제의 책, 화제의 동영상 등 독자 여러분을 위
해 다양한 콘텐츠를 매일 올리고 있습니다.

───

STEP 1. 사용중이신 스마트폰의 카메라 앱을 실행해주세요.　　STEP 2. 카메라 렌즈를 통해 각 QR코드를 스캔하시면 됩니다.
STEP 3. 팝업창을 누르시면 메이트북스의 SNS가 나옵니다.